Commercial
Recommendation System

商业化
推荐系统

服务应用实战

张乐 / 著

机械工业出版社
CHINA MACHINE PRESS

本书主要从企业的商业模式出发，结合作者对企业生命周期发展阶段的分析和判断，对如何设计与实施推荐系统服务的商业化过程和相关业务实践进行介绍和分享。本书涵盖了从推荐服务的商业创新模式到需求与解决方案管理、商业化版本发布、工作流支持以及绩效 KPI 体系设计和跨职能团队的沟通技术等方面的内容，着重体现了现代商业化产品生态中，跨职能团队的密切协作与商业化服务的可靠交付的价值。

本书适合软件创新型企业的团队领导者、决策者阅读，同时对希望通过商业智能技术对企业进行转型的领导者、执行者也有指导作用。

图书在版编目（CIP）数据

商业化推荐系统服务应用实战/张乐著．—北京：机械工业出版社，2022.3
（大数据科学丛书）
ISBN 978-7-111-70420-1

Ⅰ.①商… Ⅱ.①张… Ⅲ.①企业管理-计算机管理系统 Ⅳ.①F272.7-39

中国版本图书馆 CIP 数据核字（2022）第 048600 号

机械工业出版社（北京市百万庄大街 22 号　邮政编码 100037）
策划编辑：张淑谦　　责任编辑：张淑谦
责任校对：徐红语　　责任印制：张　博
中教科（保定）印刷股份有限公司印刷
2022 年 4 月第 1 版第 1 次印刷
184mm×240mm・12.5 印张・185 千字
标准书号：ISBN 978-7-111-70420-1
定价：79.00 元

电话服务　　　　　　　　　　　网络服务
客服电话：010-88361066　　机 工 官 网：www.cmpbook.com
　　　　　010-88379833　　机 工 官 博：weibo.com/cmp1952
　　　　　010-68326294　　金 书 网：www.golden-book.com
封底无防伪标均为盗版　　　机工教育服务网：www.cmpedu.com

前 言
PREFACE

随着互联网技术和数据科学技术的不断发展，推荐系统服务依靠相关理论及技术也在不同的行业得到快速推广，为更多的企业集团和创新团队所认识和应用。推荐系统服务和其他高技术设计与研发途径相似，都需要有高水平、强合作能力的团队共同努力，才能够构建出符合平台客户业务要求，支持平台业务的相关产品与服务。

从这样的行业要求和业务背景出发，需要相关的企业、部门或者团队具有符合当今商业化流程和客户商业化价值理解与实践的相关体系及知识经验。通过为产品服务团队赋能商业化体系思想和实践认知，为传统商业化团队传递创新型产品服务理念与知识体系，就成了跨职能团队能够通力合作，向平台与客户交付高质量、高可靠商业化软件服务的保证。作者正是在这种信念的支撑下，决定与读者朋友们进行商业化推荐系统服务体系和知识经验的分享。

本书内容

本书共有 8 章。第 1 章介绍推荐系统服务在服务提供模式和交付方式上，如何依据不同的企业商业模式和企业生命周期构建适合市场定位和企业实际业务能力的相关服务及解决方案。第 2 章介绍面对特定的客户业务场景，通过客户核心业务和问题的分析以及相关需求管理的流程梳理，掌握如何进行需求管理框架的梳理和构建服务需求体系。第 3 章通过业务及需求管理的成果，结合平台的业务场景，讲述如何构建商业化的业务与技术解决方案。第 4 章讲述商业化推荐服务由客户需求和商业价值转化所驱动的服务架构设计、API 体系设计与定价策略以及商业化端到端客户交付的 SDK 架构设计与定价策略。第 5 章介绍为保证服务交付和运营提供支撑的推荐服务工作流和相关流程规范的设计方案与相关经验，另外还介绍了为保证服务输出质量和商业可靠性，所采用的相关机器学习模型的版本控制体系和实施方法。第 6 章主要讲述了为商业化推荐服务提供的绩效 KPI 体系以及团队内部和外部绩效指标的不同设计与交付方法。还介绍了基于商业化推广和市场动态变化驱动下的推荐服务竞品分析与市场竞争定位相关的分析工具与方法。第 7 章阐述了商业化推荐服务的跨职能团队在产品服务生命周期中的不同阶段所应该赋能的沟通方法和相关工具技术。本章所讲述的沟通方法和工具技术着重结合具体产品服务的阶段性交付成果进行有效的沟通和内容变更管理，帮助跨职能团队持续提升产品服务的运营和交付能力。第 8 章通过具体行业案例讲述商业化推荐服务的问题与需求整理以及相关业务流程和解决方案的分析，如何使用各种服务功能组合来实现不同类型相关企业的商业化价值转换，并给出相关的实施指导。

本书特色

本书主要以商业化软件服务流程与涵盖的各个主要领域为出发点和内容编排的指导，系统介绍了企业商业模式和发展阶段、业务问题分析和需求管理、相关服务和解决方案的构建方法体系以及后续的工作流运营和相关服务设施的定价策略、服务的绩效体系定义与应用等涉及推荐服务商业化的诸多内容。另外，从商业化产品服务实践中，我们感到在交付优秀产品服务的过程中，跨职能的沟通技巧、与业务有关的经验分享和推广方法对稳定可靠的服务运营和最终的成果交付也具有非常重要的作用，因此相关的跨职能商业化沟通方面的知识体系和实践经验也在相关的章

前言

节予以分享和讲述。

本书在介绍商业化推荐服务各个环节的基础上，通过知识经验与实例相结合的方式，把商业化领域的各部分内容从不同的角度加以阐释和说明，力图帮助读者培养对商业化推荐服务的一种综合的"整体商业感觉"，从而在跨职能团队中建立一种每一位团队成员都应具有的对商业化推荐服务的"商业价值依靠我们每一位成员的构建和转化"的统一理念。与此同时，帮助读者朋友建立一整套的商业化服务构建体系和相关流程，对今后设计与实施其他产品服务提供强有力的知识储备与经验支持。

读者对象

本书适合软件创新型企业的团队领导者、决策者以及团队需求、设计以及研发相关的成员阅读，同时对传统领域中力图通过商业智能技术对企业进行转型的领导者、执行者也大有裨益。

关于作者

作者在商业化大型软件服务与交付、服务咨询等相关领域工作多年，与多个跨国团队进行过密切的合作，希望通过本书把多年积累的知识与经验分享给读者朋友，与大家共同探讨商业化服务之路。

最后，要感谢机械工业出版社编辑老师的辛勤付出和努力，没有你们的帮助，就没有这本书的问世。再次表示由衷的感谢。

作　者

CONTENTS 目录

前 言

第1章 CHAPTER.1 商业化推荐服务 / 1

1.1 从推荐开始的商业创新 / 2
　1.1.1 商业模式识别与推荐服务 / 2
　1.1.2 企业生命周期视角下的推荐服务 / 6
1.2 商业化推荐系统服务的企业驱动力 / 11
1.3 小结 / 14

第2章 CHAPTER.2 商业化推荐服务的需求管理 / 15

2.1 需求的出发点和分析 / 16
2.2 需求的演进：伴随业务更新的变更 / 20
2.3 小结 / 27

第3章 CHAPTER.3 商业化推荐服务解决方案 / 28

3.1 从提供服务到解决方案的进化之路 / 29
3.2 深入客户业务的解决方案 / 34
　3.2.1 客户需要的答案 / 37
　3.2.2 回答问题：来自解决方案的业务坐标 / 39
　3.2.3 推荐服务的业务交付 / 46

目 录

3.3 推荐服务使用的技术 / 50
    3.3.1 选择正确的方向 / 51
    3.3.2 推荐服务中的算法模型 / 59
    3.3.3 推荐服务的上下文环境 / 70
    3.3.4 推荐服务的冷启动 / 74
3.4 小结 / 76

第 4 章 服务建模与商业化发布 / 78

4.1 使用版本控制的建模体系 / 79
4.2 商业化 API 与定价 / 92
    4.2.1 选择：设计优先还是 API 优先 / 92
    4.2.2 机器学习服务 API 设计 / 95
    4.2.3 商业化 API 定价策略 / 99
4.3 使用 SDK 向客户的端到端交付 / 101
    4.3.1 SDK 架构设计 / 102
    4.3.2 SDK 商业化定价 / 105
4.4 小结 / 108

第 5 章 支撑商业化推荐服务的高效工作流 / 109

5.1 构建稳定可靠的流水线 / 110
5.2 工作流的可持续性设计 / 119
    5.2.1 工作流中的参数评估 / 119
    5.2.2 流水线中的模型版本管理 / 125
5.3 小结 / 132

第 6 章 商业化推荐服务的绩效 KPI 体系设计 / 133

6.1 竞技场中的对手：竞品分析 / 134
6.2 让服务运营交付保持状态：绩效 KPI 指标体系 / 142

6.3 小结 / 149

第 7 章 商业化高级技能：跨职能沟通技术 / 150

7.1 围绕商业价值的技术营销 / 151

7.2 在需求管理中有效沟通 / 154

7.3 让团队在问题的解决中成长 / 162

7.4 服务上线运营中的跨职能沟通 / 166

7.5 小结 / 172

第 8 章 商业化推荐服务案例：餐饮业务整合推荐服务 / 173

8.1 企业的难题 / 174

8.2 拿出解决方案 / 177

8.3 使用正确合理的推荐系统提升商业价值 / 182

8.4 小结 / 187

附录 / 188

附录 A 机器学习相关重要论文 / 188

附录 B 绩效 KPI 体系设计与通用示例 / 191

第 1 章

商业化推荐服务

从人类商业活动诞生至今，推荐服务一直为商品的流通和商业价值的传递发挥着重要的作用。在当今商业世界的版图中，推荐服务作为商业营销战略中的重要实现途径，随着技术和架构的不断改进，其商业化应用的形式也在不断推陈出新。本章力图通过从不同的角度来讲述商业化推荐服务的企业创新驱动力。

1.1 从推荐开始的商业创新

本节向大家讲述企业商业模式对商业化推荐服务的服务方式和交付决策的影响，希望通过本节的讲述，能够让读者朋友们在构思和设计商业化推荐服务的起始处，就能够把企业商业模式纳入思考的范畴。

1.1.1 商业模式识别与推荐服务

在介绍商业化推荐服务之前，有必要与读者朋友们讨论一下商业模式的话题。

商业模式，从字面意义就可以看出，它是商业活动中的分析结构。即如果我们把商业看作一个整体，"商业模式"可以回答一系列的问题，这些问题是由于我们对商业过程进行了解构之后，对各个解构的部门又详加分析和归类，总结成各种固定的样式，用来评价和分析当前以及未来的不同商业活动类型而创造出来的一整套框架。

用一句话来说，就是"在市场中，为什么样的客户采购何种物品，创造出何种价值，最后又以何种方式换取商业价值的模式解构"。这就是商业模式。

相信读者朋友们已经看出了我们在讲述商业化推荐服务之前，首先需要了解商业模式的必要性。

商业模式就是研究商业活动和流程中，内部不同的活动形式产生的不同类型和变体。商业化推荐服务本身就是"在合适的时间，合适的位置，为合适的客户提供合适的商品和服务"，因此商业模式的研究和商业化推荐服务在内部模式和结构上，就构成了一种天然的商业联系。

第 1 章
商业化推荐服务

也就是说，在没有分析清楚自有平台和业务的商业模式特点之前，简单模仿不同商业模式下的推荐服务，不仅不会带来预期的商业效果，可能还会适得其反。

这一点，不得不引起我们的足够重视。

这也就引出了商业化推荐服务的发展路径和交付形式的第一个决定因素，即企业业务的商业模式。

现在让我们来一起探讨一下企业的商业模式。

举例来说，伴随着商业的诞生和发展，对于零售业来说，由最初分散的零售商店，通过供应商和物流的发展，聚集在一起发展成了百货商店，之后由于供应网络的进一步发展，又形成了自选超市。

在这一过程中，零售商店的推荐形式可能体现为商店门口的商品信息牌，如今日刚上架的商品或者门店内销售人员的口头推荐。不论何种形式，由于其本身商品种类和数量的限制，能够推广营销的商品深度和广度都是极其有限的。

百货商店由于商品种类的增加和相应销售推广人员的增加，其能够实施的推荐策略就会丰富起来，如各个柜台前销售人员的口头推荐，针对不同类型顾客的重点商品推荐，商品陈列摆放方式对于推荐库存商品、滞销商品和热销商品的影响，相较于零售商店来说，都有大幅度的提升和更加广泛的发挥空间。

在零售商店和百货商店的基础上，自选超市在推荐方法和策略能够发挥的空间和深度就更大更广泛了，相信大家在日常的超市购物中都能够体会到。

商业化推荐服务就是把这些传统的推荐服务和形式迁移到线上平台，然后结合线上平台的特点进一步延展服务范围和类型，具有更加广阔的创新空间和更亟待挖掘的商业价值。

说到这里，大家可能会思考关于自己行业领域的应用前景和诸多商业可能性。然后，也许还是会觉得迷雾重重，难以设想。毕竟，现有市场和行业案例中，关于商业化推荐服务的应用场景，主要还是基于互联网的内容推荐和平台商品推荐。如何与自身行业中的商业模式结合，产生适合自己领域的推荐服务，是需要形成一个稳定、可用的框架来设计和定义的。

在这里，作者尝试从最基本的元素来帮助大家构思商业模式与商业化推荐服务中的最佳结合点，提供有价值的借鉴和启发。

在商业模式的解构和持续创新活动中，我们发现回归商业的本源对于挖掘与发现新的潜在的商业价值有框架性的作用。我们会关注商业模式中的以下几个方面：商品、资金、信息和人，如图1-1所示。

● 图1-1　商业模式的解构示意图

商品作为体现人的生存生活需求，集合人的设计生产智慧和价值的物品，结合不同的科技手段，在人的面前产生了不同的效应。

因此，商品不论从形式、品质、价格、还是从认知度上，都会由于其不同的表现产生不同的类型，也就对应了不同的生产方式和交付方式。由此结果，进而会产生不同的商业模式上的解读。

比如，对于快消品来说，由大型厂商提供的价格低廉、质量可靠的商品，消费者往往并不会在购买之前做过多的选择与决策，而往往是在自己熟悉的品牌之下选择合适数量的商品直接进行购买。

在保证销售数量的前提下，能够及时把库存维持在较低的程度，就成了这类销售方式的首选方案。因此，这类推荐服务往往就只需要简单地把"购买量大就会提供大幅折扣"之类的醒目信息及时推荐给客户即可，不需要复杂的个性化推荐算法支持，同时对客户群体也没有特别的要求。

相比之下，对于高级摄影器材之类的商品而言，研究商品的品牌、性能以及客户对商品的评价等相关商品特性。为捕捉到精准的客户所做出的努力，这些与商业模式相关的内容，就会对最终的商业化推荐服务实现方式提出更加具有挑战性的要求。

比如，对于摄影器材的精细人工分类和标签化，相关使用评论的文本分析和智能化推荐等方面的产品技术探索，就会把商业模式与商业化推荐服务对应起来，仔细思考它们之间的联系，从而发现并实施正确的推荐方式。

从资金层面来说，往往不同的收入模式在商业化推荐服务中也扮演着决定核心结构和流程的作用。

比如，对于采用注册用户订阅模式的互联网内容提供商来说，其收入的主要来源就是用户的订阅销售和平台的广告收入。因此，用户是否能够持续在平台上消费内容，同时尽可能多地存留在平台内就是该内容提供商的核心成功因素。

以音乐内容提供商平台来说，用户以订阅会员的身份缴纳年费，那么平台就需要在提供全面的音乐曲目的基础上，除了提供相应的搜索服务来满足用户的主动内容消费需求之外，还需要做好以下两方面的增值服务内容。

- 让用户在搜索到自己想听的歌曲之后，能够继续留在平台上消费其他内容。这样不仅可以保持和提高平台的客户留存量，而且可以提高用户观看使用广告的概率。
- 让用户在接受平台推荐内容之后的再次推荐，可以帮助用户拓宽平台的歌曲使用范围，比如从喜欢一个类型的歌曲到也喜欢另一个类型的歌曲。这样最终的目的还是保证平台在统计范围内的用户数量和互动效果。

说到信息，在商业模式中可以挖掘的内容就更多了，从商品的信息到消费模式再到客户关系和使用特征等方面的数据，伴随着客户在平台上的一系列活动所产生的流程信息、交易信息、评论信息等各个方面的数据，都可以作为定义不同类型商业模式下实施不同商业化推荐服务的指导依据。

这里需要特别提到的是，信息虽然伴随着活动而产生，但是如果没有深入流程和活动的相关数据采集手段进行收集，那么这些有价值的信息就会随着活动的结束而消失。举例来说，对于使用平台推荐服务界面进行商品选择的客户来说，他们的鼠标动作和活动轨迹充满"商业价值"，如果不善于记录、收集和分析的话，那么这些在平台上活跃的用户的行为特征和购物偏好等信息，就会大幅度流失。

因此，对于商业模式中的信息部分，最为重要的就是有不同的信息收集、整理和分析的技术方案和手段作为支撑，才能体现商业模式中的信息优势。而这也是商业化推荐服务中可以多大程度实现对信息的掌握和整合能力的体现。

商业活动中最重要的角色是人。不论是供应商、平台提供者还是客户，作为商业价值产生链条中的每一个利益相关的成员，通过收集和分析其相关活动的特点，并从中提取中可供参考的模式化的交互过程，都可以为商业化推荐服务提供参考。

比如在最近流行的无人便利店的商业模式中，客户通过手机在无人便利店的地面和货柜标签引导下进行全自主式购物，实现了"以客户体验为中心"。在"客户自定义购物流程"的商业价值转化过程中，便利店中的每一个环节不像以前的大型超市那样，让顾客有一种一切都已陈列好，甚至进行了过度营销方案实施的感觉，而是带给顾客一种自主购物的新体验。在这样的环境中，没有店员，也没有上货卸货的超市管理人员或者促销人员，提供给客户的是一种"只有客户与所选择的商品"的"纯粹环境"。

在这样的环境中，"无人便利店"的环境布置和商品陈列方式本身，本身就是一整套"购物环境"级别的商业化推荐。即客户带着购物需求和商品选择的兴趣来到这个环境当中，体验围绕以客户为中心营造的购物氛围来展开商业活动。这种新的商业模式，不论最终是否会成为主流的零售商业模式，都为拓展商业化推荐服务的形式和内容提供了新的可选方式。

▶▶ 1.1.2 企业生命周期视角下的推荐服务

商业化推荐服务的体系构建，从局部来看，要么属于企业市场营销部门主导绩效前提下、由 IT 资源部门或者平台产品部门实施的服务类型，要么属于企业平台事业部直接领导和负责之下的商务智能与数据团队的服务内容。不论何种业务划分和隶属方式，看上去总像是一个秉持"就是把我们企业的业务产品或者服务推荐给合适的客户"理解的服务而已。

然而事实上，每一种平台上的核心驱动服务的设计、实现和上线运行，都需要从商业可行性、项目预算经济型评估、产品项目生命周期管理等方面开始，一直伴随着产品服务的持续投入或逐渐退出平台和相应市场。因此，企业管理者从企业整体的战略和业务发展规划上就需要把企业本身所处的发展阶段和市场定位考虑进去。

也就是说，企业管理者必须回答这样的问题：从企业目前所处的阶段来看，设计和执行这样的推荐服务发展计划和交付方式是否符合企业的当前状况？

相信大家已经看出来，这个问题也就是说，决定着商业化推荐服务发展路径和交付形式的第二个决定因素就是企业所处的发展阶段（第一个决定因素是企业业务的商业模式，见 1.1.1 小节）。

下面就让我们来一起探讨一下这个问题。

按照企业发展阶段的经典模型，企业的生命周期可以分为初创期、发展期、成熟期和衰退期。在这些不同的阶段，企业的决策者从各种因素综合的角度出发，对商业化推荐服务的规划设计和实施都会有不同的考虑，如图 1-2 所示。

● 图 1-2　企业发展阶段示意图

1. 企业初创期

在企业的初创期，大致会有以下两种情况。

第一种情况，企业拿到了很大力度的投资，为了发挥现有平台或者新建平台的渠道优势，就会从长远发展的角度考虑商业化推荐服务的一整套产品设计计划，并且需要考虑这样的推荐服务如何与平台其他流程及软件服务集成。

但是，需要注意的是，由于投资回报率和可能的对赌协议的存在，在平台一系列追求尽快产生流量或者产生利润率的前提下，包括商业化推荐服务在内的平台服务也会要求在前期能够拿出来一个相对成熟的可用系统。在这种情况下，商业化推荐服务往往会要求团队做好前期的竞品分析和市场调研，充分借鉴市场现有服务，以便能够尽快拿出可用的服务来支持平台。

在企业初创期，这种商业化推荐服务往往由于进度的压力，会要求其能够支持平台的核心业务即可。一般情况下，不会要求全面支持平台的所有业务。

第二种情况，在企业平台主要依靠自身资源和渠道进行客户开拓的过程中，商业化推荐服务的发展计划会相对保守，往往借助于商业化原型和企业内部服务支持的形式，在企业内部和有限的范围内挖掘探索商业化推荐服务的可能发展方向。

造成这种情况的本质原因还是由于预算投入问题，即平台需要在企业的这个发展阶段把重心放在核心业务的开拓上，对于商业化推荐服务这样的增值服务，企业往往还没有余力去做长远的发展计划和较为全面的产品设计实施计划。

2. 企业发展期

在企业的发展期，由于在初创期的平台运营经验和相关产品经验的积累，已经对相关行业、市场和竞争对手，特别是对客户的类型和客户的关系梳理有了相当程度的了解，对于商业化推荐服务这种增值服务来说，就会获得关于一些重要问题的答案：

- 我们需要的推荐服务需要覆盖平台上多少种类的商品服务？
- 推荐服务应该以何种形式实施才能够让客户接受？
- 客户需要以和以往不同的购买流程来使用推荐服务吗？
- 推荐服务需要以何种程度的创新来与竞争对手平台的服务产生足够的差异性？

诸如这样的问题，相信在公司决策者的办公桌上，会有一张非常大的表摆在那里，有很多需要确认和讨论的问题。但是，在企业发展期，由于公司业务的高速增长，客户需求的大量涌现和公司组织架构重构的压力等诸多因素的影响，对于商业化推荐服务这样的具有高价值的增值服务来说，就往往包含了双重的责任：

一方面，企业需要借助像商业化推荐服务这样的具有良好客户体验的增值服务来体现公司和相关平台的业务先进性和公司发展远景，从而为吸引更多客户与流量、招揽更加优质的投资带来实际的好处。

另一方面，商业化推荐服务从部门的角度来看，往往也是像 CTO、CIO 主导下的 IT 或企业信息化部门那样能够在集团企业中实现业务话语权、部门价值权重提升。特别在非 IT 行业领域，IT 资源部门或企业信息化部门往往被视为企业核心业务的辅助部门，不能得到足够的重视。

那么，通过部门主导的商业化推荐服务，不仅可以与平台核心业务部门团队密切合作，深入了解业务流程，为业务流程赋能，同时也能提升部门的公司"能见度"，在平台智能化、数字化的过程中具有更多的话语权。相信读者朋友们也看到了这其中的重要性。

3. 企业成熟期

在企业的成熟期，引入商业化推荐服务具有不同于上述企业发展阶段的特征。

成熟期的企业，其平台和相关产品服务，在对应的细分市场中，已经具有了相对稳定的客户群体和商业份额。对于客户的核心需求，一定是得到了稳定而持续的满足的。

因此，一方面企业在这个阶段实施商业化推荐服务的动力就不如企业在初创期和高速发展期那么强烈和旺盛。特别是企业成熟的商业模型中若加入新的具有很强流程渗透性的推荐服务，对于企业现有核心流程和相关业务内容的改造和重构的成本就会比较大。

这样，企业原本的优势是否会因为服务的实施而逐渐丧失，这样的问题就会摆在企业决策者的面前。因此，对于在这个发展阶段的企业中的 IT 资源部门或者企业信息化部门的领导者来说，如果没有提前做好对高层的发展想法的沟通，并做好充分的调研，可能会在提出议题的时候遇到较大的阻力。

另一方面，这个阶段的企业已具有的各方面优势，也会因为市场后来竞争对手的强力挑战而面临压力。而这对于商业化推荐服务来说，却很可能是一个好消息。

对于企业来说，为了维持其在相应市场的领导者地位，就需要拿出与后来的竞争者有显著差异的产品服务。这种迫切的需求会使得公司高层在企业内部进行充分的调研和征询。他们希望出现能够帮助他们摆脱困境的商业创意。

商业化推荐服务就可以扮演这样的角色。通过贯穿平台各个产品服务线的专业化推荐，对现有流程的适当重构和变更，能够充分提升各个营销渠道的转化效率，又可以在平台智能化的商业价值上得到质的提升。可以说，商业化推荐服务就是在这个商业时机上的最佳选择。

相信如果部门能够抓住这样的机会，与相关部门和团队密切合作，又能够得到公司高层的政策和预算支持，就会有很好的发展。

4. 企业衰退期

在企业的衰退期，由于企业在内部企业文化、市场与客户维护方面，特别是在资金方面的压力，商业化推荐服务这种在服务生命周期各个阶段都需要大力投入的增值服务往往会难以落地和实施。

在这里，主要是为了说明：在是否需要提出商业化推荐服务的商业计划，是否需要在一定深度上实施商业化推荐服务之前，部门的领导者需要暂时跳出产品服务的视野，进入所在企业的发展阶段这个视角中去细致观察自身所在的位置。

因为，只有在合适的时间，有合适的人一起做合适的事情，才能得到我们期望的结果。

除了上述需要考虑的企业发展周期中所处的当前阶段会影响推荐服务的服务方式和交付方式，从产品服务本身的结构来看，还需要考虑相对应的服务集成方式。典型的产品服务的呈现等级和结构如图1-3所示。

因此，产品团队的领导者需要回答这样的问题：从公司目前的发展阶段和市场情况来看，我们的产品服务会以怎样的方式作为主要交付和集成方式，并在设计和实施过程中早做准备。

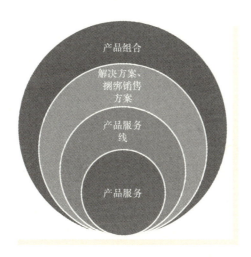

● 图 1-3　典型的产品服务呈现等级和结构示意图

不论是作为独立的服务存在，还是作为产品线的一部分，还是作为公司整体解决方案和咨询业务的重要支撑存在，或者通过捆绑销售的交付形式，或者成为产品组合中不同产品线的共享服务形式，都需要在服务架构和集成接口的设计最初阶段，有相应的产品服务方向性的把握。

毕竟，以独立的服务存在和以产品线或者解决方案的一部分出现，其设计的架构和执行计划是不同的。

1.2　商业化推荐系统服务的企业驱动力

推荐，就是把相关的人或者事物向别人做出介绍，希望对方能够任用或接受。从推荐的本质上讲，做出推荐的人，是指可以被接受者信任的人，或者能够获得值得信服的理由的人。相关的人或者事物就需要从两个方面来分析：

第一、这种相关性是别人可以理解的，也就是说，推荐人一经介绍，别人就可以立即明白和认可。

第二、这种相关性并不明显，需要介绍人创造一种语境或者环境，帮助别人意识到这种不容易觉察的相关性，进而接受推荐。

因此，我们可以看出，不论是使用从商业建立以来的传统的推荐营销方法，还是引入精妙的机器学习推荐算法，其中都包含着这样的体系结构：

- 有三个实体存在：推荐人、推荐的人或物、接受者。
- 推荐人单方面希望接受者能够接受推荐的人或物。
- 在推荐没有结束之前，接受者的态度并不明确。

谈到前面论述的商业模式，其根本都是用结构化的方式描述如何把有价值的产品服务以特定的方式传递到客户那里，会产生何种价值。结合上述推荐服务的体系结构，我们就会了解到不同的商业模式在传递商业价值的链式反应中，不论形式简单或复杂，都可以在适当的位置、在适当的时机嵌入相应的推荐服务环节，以期加速接受的过程。

同时，由于向客户提供推荐服务的过程需要资金、人力和时间，还要承受来自市场竞争的压力，因此对于希望实施推荐服务的企业来说，实施何种程度和深度的推荐服务就尤为重要，可以说在激烈竞争的市场环境下，往往没有犯错的机会。

我们回溯推荐服务伴随商业发展的历史，其必要性就在于深刻理解不同规模的业务和系统，可以使用不同复杂度的技术来实现商业化的推荐服务。

产品的立足点和技术选型必须与企业的商业模式和企业所处的生命周期的阶段相匹配

从推荐服务的商业化道路上看，其与任何传统的产品商业化道路都具有类似的竞争循环。即发现细分市场中的机会，从而引入产品服务期望解决问题，转化为客户成功案例并获取市场份额之后，成功激励了市场的模仿，从而引入了竞争。这种竞争又反过来激励了产品服务的功能/特征的丰富性，从而增加了服务的复杂性与维护的困难，接着导致了同类服务之间的差异化界限变得模糊，辨识度降低，又导致营收速率降低，利润受到影响，从而引起新一轮的商业化创新。这一创新竞争循环如图 1-4 所示。

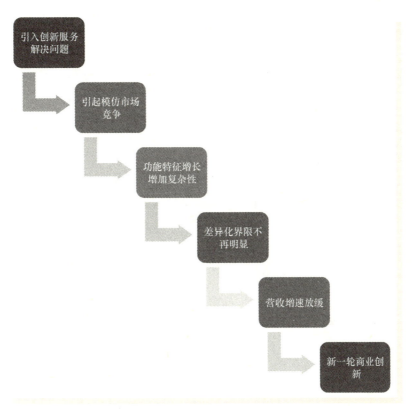

● 图1-4 商业化的服务创新循环

结合上文中介绍的企业发展生命周期的理论，作为企业产品的决策层，需要根据企业自身所处的发展生命周期中的位置和阶段，选择适合企业自身能力和市场定位的推荐服务。从技术层面来说，从管理运营数据的角度，不论是单纯的数据库方案，还是数据库结合数据仓库方案，抑或是数据挖掘下的机器学习推荐方案，都需要企业产品的决策层做出合理、适当的决策。毕竟在商业化系统的道路上，能够利用现有的资源运营符合公司业务发展战略的系统，在成本预算的控制之下，能够产生合理的营收增长和利润增长就是成功。

1.3 小结

本章主要从企业商业模式和企业生命周期两个角度入手来介绍它们对于商业化推荐服务的影响和相关驱动力。在实际的产品服务的商业化生命周期中，产品服务的兴衰起落往往由多种因素在不同的时间段以不同的方式来影响和决定。

特别是在商业化推荐服务的启动阶段和商业孵化阶段，作为产品服务的决策者和管理者，经过充分的市场分析和竞品分析，虽然对产品服务的方向和发展脉络有了一定的认识，但是商业化推荐服务究竟应该怎么做？服务的内容和形式究竟应该模仿和改进商业对手的模式，还是应该从客户价值和需求出发设计和开发全新的推荐服务模式？都可以通过深入理解企业自身的商业模式，客观了解和评估企业当前所处的发展周期阶段，根据企业自身平台的特点和企业的财务状况、团队经验和成熟度、与其他产品或者产品组合进行何种配合来找到答案，以最终实现企业的阶段性和长期战略目标。

CHAPTER 2
第 2 章

商业化推荐服务的需求管理

我们知道，任何经过精心设计的系统都是为了解决特定领域的问题的。对于商业化推荐服务来说，其植根于软件服务领域的理论和相关实践框架。综合以上两方面的观点，本章将和读者朋友们分享商业化推荐服务需求管理的相关内容。

2.1 需求的出发点和分析

不同商业模式的企业，在企业发展生命周期中的不同阶段，会有不同的经营发展战略。对于依靠产品服务价值驱动销售业绩增长的公司而言，应用不同形式的营销策略、使用不同的产品服务推广方案、利用多样的销售渠道，都是为了把产品服务交付到消费者那里，进而产生商业价值。

在聚焦于产品服务价值和销售业绩增长的视角下，企业站在产品与客户之间，问题就会突然变得异常简单：要么让产品找到客户，要么让客户找到产品。

让产品找到客户，需要依靠企业主动发起的各种营销活动，借助各种平台和渠道实现营销目标。而各种营销活动，从根本上说，不外乎拉、推、拉推结合3种方式。

让客户找到产品，需要通过长期的产品服务经营推广战略，在客户群体中建立相当的信任感和忠诚度，进而通过客户之间的推荐实现目标。

不论是让产品找到客户，还是让客户找到产品，在实施过程中企业都面临如下的基本问题。

面对范围广泛的消费者市场，处于市场竞争地位的各类型经营企业，在各自业务领域中都存在类似的问题，即需要知道哪些消费者，在什么地方，愿意以什么样的代价，购买什么样的商品和服务。

传统的营销方法可以从基本面上解决上述问题，但是如果希望在销售业绩和用户体验上更进一步提升企业竞争力，同时希望企业能够针对客户提供更加个性化的服务，那么就需要平台有强大的搜索和推荐服务功能。

做好了搜索服务，客户在清楚知道自己想要什么产品的情况下，可以帮助实现客户价值。做好了推荐服务，可以帮助客户找到感兴趣的产品，同时实现企业的营销目标。

第 2 章
商业化推荐服务的需求管理

从这里起，我们开始讨论如何帮助企业赋能推荐服务的问题。

针对上面提到的一般性问题，我们需要使用问题分解的框架来逐层解构这个问题，从而通过解构后的若干个子问题寻找到解决方案的方法。

问题分解的框架如图 2-1 所示。

- 图 2-1 问题分解的框架示意图

借助上述的问题分解框架进行的问题解构，并不是一次性、从单一的角度对问题空间进行剖析，而是需要多次回溯问题和问题涉及的方方面面，从而找出导致问题的原因，最终得出合理的解决方案组合。

> 解决问题的过程需要经历从问题的描述和解构，再到逐项原因的列举，最终获得若干备选解决方案。

问题分解的子问题 1：谁？

对于消费者而言，通常面临诸多子问题，让我们从宏观上感觉难以把握。

- 类型划分：消费者的类型如何划分？比如年龄、性别、职业类型、教育经历等。
- 类型影响：消费者的类型会如何影响购物决策？
- 偏好：如何及时识别消费者可能变化的个人偏好和购物倾向并调整推荐策略？
- 关联：消费者与关联消费者的购物影响如何在推荐服务中体现？
- 周期：从客户消费周期中如何相对准确地识别出消费者的行动倾向？

当然，针对消费者设计的问题还有很多，读者可以在各自领域的群体分析中寻找合适的问题，以便向解决方案空间过渡。

问题分解的子问题2：在什么地方？

"在什么地方"这个问题，其实不仅代表地理上的位置，对于线上系统，还代表了特定的页面位置和特定的流程阶段。也就是说，其既有基于页面的位置因素考虑，又有结合流程上下文的阶段性特点。

- 流程中的位置：如何梳理流程的各个阶段从而为各阶段的消费者行为进行记录？
- 关键环节中的位置：如何在消费者决定购买的前置步骤中确定消费者的购物趋势？
- 推荐的位置分布：如何判断在购买流程的不同阶段应该展示何种强度的推荐内容？
- 推荐的环境理解：当消费者浏览足迹可以被平台获取时，如何有序捕捉其消费意愿的状态变化？

问题分解的子问题3：愿意付出什么样的代价？

"愿意付出什么样的代价"的问题体现了推荐服务在客户数据理解与商品数据理解之间的平衡与调整。这个问题可以换一个角度阐述，推荐服务应该推荐何种定价方案的何种商品，才能让不同客户在当前或者未来的确定时间做出购买行动。

- 定价类型的关联：如何把不同定价的产品与不同类型的客户进行关联？
- 定价策略的变更：如何及时构建和更新产品定价变更与客户购买意愿变更之间的关系？
- 增值服务：如何以相对统一的方式向不同类型的客户推荐相应的增值服务？

问题分解的子问题4：购买什么样的商品和服务？

这个问题来源于平台对其运营的商品和服务无止境的信息挖掘，在此基础上与客户信息以及交易活动信息的有效关联。但是，"了解自己的商品和服务"是首要的任务。

- 品类：商品的品类在不同类型客户中的购买偏好有哪些影响因素？
- 品牌：商品和服务的品牌影响力如何对应到不同类型的购买决策当中？
- 品质：如何充分地定义商品和服务的评价体系进而影响推荐转化效益？

第 2 章 商业化推荐服务的需求管理

- 关联:如何关联具有不同关联属性的商品全链条,如相似性、逻辑性?
- 供应链:如何整合供应链相关的数据实现商品和服务的推荐解释,从而加快销售流程?

在此基础上,我们还可以列举若干关系到推荐服务业务的子问题,这些问题在最初可能会以无序的方式堆叠起来,特别是在部门或者团队的头脑风暴会议上。这是好事情,这代表着我们可以发现影响和制约"如何实现持续有效的推荐服务"的诸多因素,当然这些因素都是以问题的形式出现的。

掌握了这些问题,再通过对问题的重要性以及背后的原因进行整理归纳,就可以逐渐实现向解决方案的跨越。

当然,人们都有一种倾向,即一旦想到问题以后,脑海中自然就朝解决方法去思考。针对这样的问题,面对商业化的问题分析过程,我们必须培养一种良好的习惯,即在问题管理的过程中,对于问题的收集、分解和描述,应该把注意放在问题域上从深度和广度上延拓,而对于可能的解决方法,暂时放到一边,稍后再处理。

这种习惯的养成需要花时间去培养和训练,这样做的好处在于,我们可以知道每个阶段的主题没有理解和整理清楚就直接带入下一个阶段去处理,会造成很大影响,如图 2-2 所示。

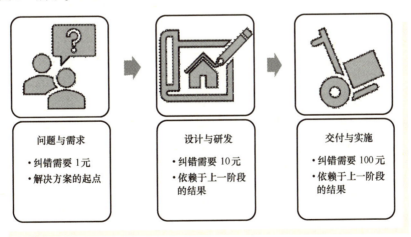

- 图 2-2 成本递增的纠错模式示例图

2.2 需求的演进：伴随业务更新的变更

推荐服务的业务需求分析，也是通过标准的需求分析框架和流程来实现的。当然在不同平台不同制约因素的影响下，过程和进度的把控情况可能会有些许不同。总体的步骤包括确定业务问题和商业机会、引导客户的需求并分析制约问题的因素、分析客户的需求、定义候选解决方案的需求、分析并验证解决方案的可行性、管理产品的需求变更，如图 2-3 所示。

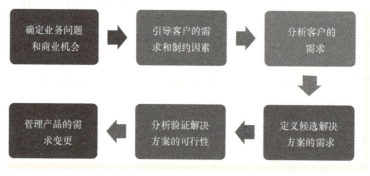

● 图 2-3　需求分析的经典流程

在实际的平台业务分析过程中，上述过程经常需要裁剪和制订一些商业化或者工程化的环节和方法。

在确定业务问题和商业机会方面，我们往往对分析业务问题非常在行，就像上面一节讲到的，通过团队内部或者跨团队的协作，会尽可能多地把推荐服务中可能会遇到的问题都列举出来，通过层次化与条理化的方式，辅以各种表格记录、图表关联结构来规划出相关的问题界限，进而明确后续的需求。

在这里我们会发现，一切都是按照"如果进展顺利的话"这样的思路展开的，而实际上，需求管理的重要性还在于，它在产品生命周期的最初阶段就会把各种不确定性因素考虑进去。这些不确定性因素就成为各种各样的"产品风险"，而在包括需求分析本身的产品推进过程中，它们又会被称为"项目风险"。

产品风险在不同的业务背景和客户需求之下会有不同的表现和不同的影响范围，

第 2 章 商业化推荐服务的需求管理

这里不做展开。但是对于产品风险的应对方法来说,却是有迹可循的。

总体上来说,主要有 4 种产品风险的应对方法:

(1) 避免风险

通过变更产品特性/功能来减少原有的威胁。

(2) 缓解风险

通过添加结构、功能、机制、业务规则来减少风险或风险影响的范围。

(3) 转移风险

通过产品联合设计实施、产品转移部分或全部控制权等方式来降低或消除风险。

(4) 正面消除风险

做好正面遇到风险的准备,并提前做好风险消除的应急备选方案。

为获得切实可行的风险应对方案,我们首先需要建立产品风险评估,见表 2-1。

表 2-1 产品风险评估表

产 品 风 险	发生的可能性估计	风险应对方法	影响范围/程度
产品风险类型 A	高	转移风险	范围:部门 A,部门 B 程度:影响下年度预算投入和未来 5 年产品线发展
产品风险类型 B	较高	避免风险/转移风险	范围:部门 A,部门 C 程度:影响第四季度产品发布时间和下年度预算投入
产品风险类型 C	中等	缓解风险/正面消除风险	范围:部门 A 程度:影响第三季度产品验收和测试客户沟通
产品风险类型 D	低	正面消除风险	范围:部门 A 程度:影响部门内技术架构改进计划

在上述介绍和说明的基础上,我们看一看作为具体商业案例的零售商品的电商推荐中的相关内容。

在介绍零售商品的电商推荐服务业务之前,有必要强调推荐服务在平台上实施的必要性。在与产品团队的沟通协调中,我们往往发现,说到实现业务目标需要的技术方案时，大家都展现出足够的兴趣和热情，但是当谈到相关服务的商业价值和客户需求必要性时，大家往往表现得很沉默。

实际上，本着"技术团队的任务由团队自己解决"的原则，这种情况是没有问题的。但是从另一个角度来看，如果你身处创业科技公司或者团队，并且深入了解产品服务的每一条商业价值的依据和客户诉求来源，再来设计服务的目标和相关架构时，这些商业诉求的价值信条会潜移默化地影响你对产品结构选型和技术细节选择的逐项决定。

下面通过推荐服务的商业价值给出具体的示例。

（1）让每一位客户具有个性化的服务体验

每一位客户在使用平台服务的时候，都希望自己是受重视的，比如平台能够随着季节的变化及时提供自己喜欢的服务和支持，或在生日的时候能够提供优惠丰富的折扣券等。这一系列的要求，需要我们从推荐服务的设计开始阶段，就能够在理解业务领域的知识和经验之后，设计出与对应客户、商品与流程相关的足够全面和健壮的数据集和推荐流程。这也是对推荐服务设计者最大的挑战之一。

（2）让每一位客户能够从主动搜索过渡到享受快捷的推荐服务

通过对客户群体的划分与相关分析，一部分客户在特定的时候会进行主动搜索，自主发现商品的倾向，但是在大多数时候，相当一部分的客户喜欢在他们信任的平台上接受推荐实现快捷放心的购物。推荐服务就承载着这样的责任。这要求推荐服务能够从用户线上浏览到购物和线上处理售后问题的全过程中，插入贴心又不会对客户产生困扰的推荐环节，让用户在觉得需要的同时理解并认可推荐的内容，进而产生后续的商业价值。

（3）客户的忠诚度可以通过推荐服务加以提升

平台的内容有多种前端业务呈现来支持，当然并不全部依靠推荐服务。值得信赖的、有说服力的推荐服务在于搜索服务、线上售后服务等环节持续集成和改进的过程中，使得客户逐渐从平台纳新客户、到产生购买行为的客户、再到持续转化的老客户，最终成为对平台信任的忠诚客户。

第 2 章
商业化推荐服务的需求管理

作为销售驱动的零售电商的推荐服务，从需求层面上说，需要从销售客户群体、销售平台渠道和销售供应商几个方面来分析。本书主要讲述平台的商业化推荐服务，与此相关的主要是销售的客户群体需求和销售平台的渠道分析等方面。对于供应商相关的销售管理，不在本书的介绍范围。

业务销售过程中的推荐服务的需求范围和界限，主要由以下几个方面组成。

- 谁是你的客户？
- 客户的兴趣是什么？
- 你向客户推荐商品/服务的理由是什么？
- 你向客户推荐的时机节点是什么时候？
- 你向客户推荐商品/服务的方式有哪些？

其中每一个需求的组成范围，都可以继续分解，并进一步给出对应于最终需求选项的部分解答，如图 2-4~图 2-8 所示。

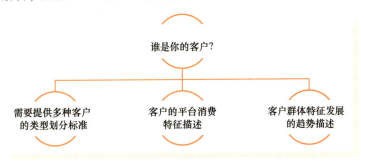

- 图 2-4　谁是你的客户的问题-需求分解示意图

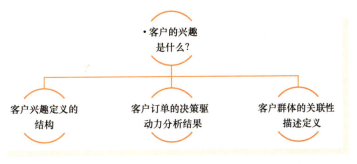

- 图 2-5　客户的兴趣是什么的问题-需求示意图

● 图2-6 你向客户推荐商品/服务的理由是什么的问题–需求示意图

● 图2-7 你向客户推荐的时机节点是什么的问题–需求示意图

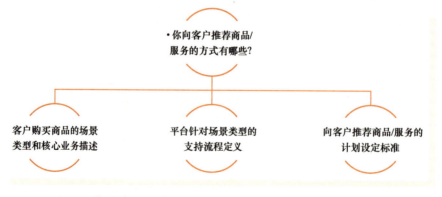

● 图2-8 你向客户推荐商品/服务的方式有哪些的问题–需求示意图

在基于上述各个方面的子问题的分析和对应的需求集合整理中，需要通过分析和集体讨论确定一系列的标准和规范。这是因为，对于需求内容的整理，因为涉及

第 2 章
商业化推荐服务的需求管理

从问题空间到需求和潜在解决方案空间的映射和迁移,所以为了保证这种映射和迁移不会偏离业务方向,需要通过设定一系列的标准和规范,来对所有客户和服务供应方所"自由提出"的需求见解进行规范和约束,从而符合最初设定的业务场景和客户的商业价值准则。

因此,需求管理的整体过程就可以归纳为:

- 期望客户提出若干项核心业务问题。
- 通过收集、分析和解构,把核心业务问题分解为多个方面的子问题。
- 建立各个子问题领域内的需求提炼标准和规范。
- 遵循需求归纳的标准和规范来逐一列举需求项。
- 结合业务场景和需求项描述,整理出潜在需求解决方案轮廓图(Solution Profile)。

为了在后续的商业化推荐服务实施中更加符合商业化实践的标准,我们还需要在前面提到的销售渠道中为潜在的推荐服务提供较为明确的销售渠道角色定义,从而根据成本核算和营销计划的执行情况,为可能的不同销售渠道角色分配不同类型和特征的推荐服务,供相应的销售渠道使用。

之所以介绍这些内容,主要是为了让读者更好地了解平台销售过程,从而在从最初决策和设计商业化推荐服务中就可以比较清晰地了解:所有努力实现和持续运行的商业化推荐服务功能项都可以通过精心设计的配置、一定形式的功能变体、适当的组合重构,来为不同销售渠道上的不同推荐形式提供智能化的推荐服务。

在平台销售渠道定义中,有如下几种面对客户的销售角色。

- 直接销售(Direct Sales)。
- 内部销售(Inside Sales)。
- 销售工程师/销售产品支持。
- 目标精准销售。
- 内部渠道销售。

- 外部渠道销售。

结合商业化推荐服务提供的众多功能组合，我们做一些具体的说明：

对于直接销售（Direct Sales），由于我们控制着供应链上的商品物流和商品售后等全流程，因此对于此类平台上面对客户的直接销售，我们可以"火力全开"，尽可能挖掘客户的消费喜好，调动一切可以设想的推荐服务方法，通过热销商品销售、品类喜好商品推荐、商品详情页面深度推荐、购物车附加服务推荐、售后客户反馈的增值服务推荐等多种方式，挖掘可能的客户销售机会，做到推荐服务能力的输出最大化，从而实现商业价值的最大化。

再比如销售工程师/销售产品支持这类销售角色，必须从需求管理的最初阶段就了解不同销售角色对不同的商品/服务的推荐效果产生的不同程度和范围的影响。

对于商业价值高或者技术含量高的产品/服务而言，单纯使用页面文字图示的方式，即使做到了对客户消费习惯和个性化喜好的最佳估计，如果缺少必要的推荐环节，仍然不能使推荐服务达到其最佳的效果。

这种情况的尴尬就在于，从商业化推荐服务最终的模型算法评价角度和命中率来说已经做到了最好，但是在消耗IT计算资源的同等情况下，并没有达到令人满意的最终转化效果。

这种局面并不是由推荐服务中的软件服务环节引起的，但是作为商业化推荐服务的整体决策者来说，从需求阶段开始就需要厘清在这种销售角色和环节的综合作用下，如果有专业的销售工程师或者产品支持环节（不论是人工的深入专业推荐方式，还是自动机器人的推荐解释和支持方式），就会大幅提高商品的最终销售转化率。

通过以上的介绍，相信读者朋友们对于平台面向零售商品的销售而建立的商业化推荐服务的需求梳理有了一定的了解和体会，大家结合不同平台业务领域的不同业务场景，再借助传统需求分析管理中的成熟工具和技术，应该可以对推荐服务的需求客户及其商业价值的实现途径有了相当程度的把握和借鉴。

2.3 小结

本章主要介绍面对客户平台的业务问题和需求集合,如何进行有效的需求收集、分析和管理工作。需求管理一直是软件行业中的重要阶段,关乎软件服务能否得到及时、有效和可靠交付。

从需求类型构建、问题追踪、问题解构、客户需求反馈与变更控制等多个方面分析,大家就会发现,不论是传统的需求整理和信息汇总,还是基于近些年在特定软件领域中快速发展的敏捷型需求与原型迭代交付方式,在特定的需求收集和分析阶段,"倾听、观察、列举、提炼、反馈"这些重要的基于工作流的指导原则从未发生过改变。

因此,基于商业化推荐服务的需求管理,深入了解客户业务流程,全面理解客户面临的问题,细致而有计划地划分和管理客户业务需求,最终为客户提供满意的商业化解决方案,帮助客户实现其期望的商业价值,这一系列的标准从未改变过。

CHAPTER 3
第 3 章

商业化推荐服务解决方案

第 3 章
商业化推荐服务解决方案

本章在第 2 章中针对客户的业务场景和相关商业价值传递的框架基础上，根据商业化推荐服务的需求和内容呈现的不同形式，向读者朋友们介绍商业化推荐服务解决方案的相关内容。

3.1 从提供服务到解决方案的进化之路

相信很多读者朋友和作者一样，对产品实践的理解已经较为深刻了，但是提到解决方案，往往还停留在"一整套的工具来帮助客户解决一揽子问题"这样的理解之中。理解这两者之间含义的微妙差异和变化，对于提升产品和相关解决方案的对应商业价值是十分有益的，下面我们一起探讨一下。

熟悉产品生命周期的读者朋友们都知道，一个产品的上线倾注了大家太多的心血，当它为客户所接受和认可，进而产生销售收入和一定的利润之后，都希望它能走得更好、走得更稳。也就是说，我们希望这个产品能继续存在下去。因此，在潜意识里，我们往往希望通过改造和修修补补来让这个产品不要退市或消亡。

然而，客户却不这么认为。客户使用了提供的产品，来实现销售和利润，但当今的市场竞争是日趋激烈和白热化的，任何的技术和相关流程一经问世，都会被快速学习和模仿。因此，客户期望销售业绩和市场占有率能够持续增长，这种矛盾是持续存在的。

当客户针对自身的竞争环境和业务场景，对我们产品背后提供的功能和价值提出新的期望时（这种期望有时来自市场信息和竞品分析），我们从产品视角的理解出发，可能会做出这样的选择，即对现有的产品进行修修补补，给其添加一些功能来满足客户的部分需求，然后和客户沟通："咱们也用了这么些年了，产品的质量、可靠性都是没问题的，我们稍微改进一下，是不会影响你们的订单和业务的。"

我们抓着自己经营多年的产品舍不得放，然而在客户的价值体系中，这个修修补补的产品也许已经变成了客户维持和增加其在供应链上的商业价值的一种阻碍。那么这时，产品的处境就很危险了。

如果我们再次切换自己的角色（变成以解决方案为中心的供应商的视角），再来看看这个问题，就会有不一样的情况。

以解决方案为中心就意味着我们的团队和公司提供的商业服务的意义就是以我们客户的问题为中心，发现和解决客户业务供应链和运营中出现的问题，并帮助客户实现其商业价值，以客户的成功为驱动目标的崭新体系。而这其中，往往不仅需要提供产品服务的相关功能和客户期望的客户价值，还需要交付和维护相关的服务咨询能力。因为从端到端服务交付和客户价值实现的角度来讲，由于跨业务领域的制约，客户往往需要解决方案团队中具有相关技术实施的咨询服务能力。

在这样的体系指导下，作为产品设计相关团队，我们会做出如下的行动。

1）密切和客户进行商业沟通，同时及时了解客户所在的市场环境和竞争动态。

2）妥善管理当前服务于客户产品的生命周期，对于预先捕捉到的客户市场变化，能够作为客户的供应商，提前做好产品转型的准备。

3）在为客户调整服务的过程中，在产品转型的同时能够通过调整服务的流程等方法来同步为客户提供持续的价值。

具体来说，如果产品转型在短期内比较困难，则努力寻找方法来改进围绕产品的流程服务，包括提供更多的产品实施来短期提高业务输出能力，改进产品售后和维护方案来延长产品使用寿命等，通过改进物流和相应的服务标准来避免服务交付的延迟等方面的措施来持续保证客户的商业价值得以实现。

4）在从产品向解决方案转变的过程中，销售营销团队、设计团队和售后团队通过有效的培训和流程实践指导，能够让成员以"帮助客户成功，解决客户问题"为唯一宗旨来助力以解决方案为中心的商业化体系搭建。

在这里，我们认识到，从理解产品到理解客户解决方案的关键在于产品团队内部持续的理念共识方面的培训和支持，即从"我们做好这个产品就可以了"到"我们了解公司的解决方案，并且清楚地知道产品在整个解决方案中的位置"。这一点对于推荐服务来说十分重要。

举例来说，全面完备的推荐服务不仅包括了机器学习推荐服务内容，也包括了充分利用公司及部门现有数据（包括数据库数据和数据仓库数据以及第三方付费数据源）在内的数据库与数据仓库计算和维护的各种 Ad Hoc 数据和统计数据，具体来说，这些服务于企业公司业务多年的数据基础架构，在商品总销量统计、最受好评商品、区域性畅销/滞销商品、客户相关统计数据等方面都起到了基础性作用。

因此从最终呈现的推荐服务解决方案的数据消费方来看，正是在"数据存储在哪里，就在哪里计算和查询"原则的指导下，多种不同成熟度的技术发挥着它们各自的作用。

由此我们可以看到，单一产品的理念和解决方案的理念之间的冲突在于不同的商业理解和工程实践方向的不同，在这里通过图 3-1 来加以说明和展示。

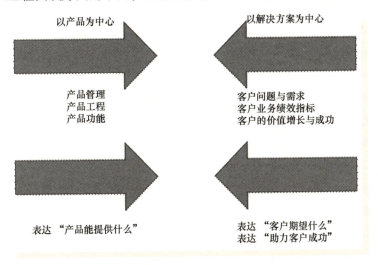

● 图 3-1 面向产品与面向解决方案的不同理念

通过以上的分析可以感受到，解决方案的转变首先需要变换角色，深入客户的业务领域，了解客户所处的供应链生态和客户得以实现其商业价值的业务流程，特别是涉及核心业务的内容。

想要制订合理可行的业务解决方案，首先需要了解业务本身，而业务通常是以业务流程附加业务规则来构成的。在信息技术大规模使用的今天，业务流程虽然具有不断发展的信息化、数字化的科技特征,但是业务流程本身的结构仍然有研究和讨论的实际意义。

要理解和把握业务流程的结构,就需要深入掌握业务流程的术语体系。通过术语体系对业务流程的结构描述,能让我们把握业务的核心以及业务中的各种结构特征。精通业务流程结构之后,就可以知道在哪些位置、哪些节点上通过综合各方面的信息分析来决定改造流程,以添加我们希望升级和改进的服务类型,比如在合适的流程节点中嵌入各种类型的推荐服务。

业务流程的术语和结合特定业务领域的术语应用,是需要首先掌握的,是我们进行系统设计和改造的出发点,见表3-1。

表3-1 业务流程的术语体系和示例

业务流程术语	应用场景	示例
功能	表示业务持续提供的活动,是流程之上的抽象层次	商品品类管理 客户关系管理
流程	系统内的特定业务处理活动,用来描述运营主体内的特定工作是如何进行的	生成推荐列表 推送推荐商品
任务	系统内具有特定目标的详细的流程子集,设定为在特定时间内的特定工作	为生成的细分客户 A 关联类似客户群体
过程	用来定义为完成特定目标而进行的一系列操作	客户纳新过程 商品多属性合并过程
子过程	用来定义为完成特定条件制约下的特定目标而进行的系列操作,或者表示一个完整过程中的更小的过程单位	偏好移动端 App 购物的客户纳新过程
用例	用来定义具体的业务场景。一个完整的系统应该使用尽可能完备的多个用例来表达不同场景下不同角色之间的功能应用关系	客户使用搜索后的推荐页面的购物决策场景

（续）

业务流程术语	应用场景	示例
消息	用来定义业务流程中信息交互的单位，通常是业务内容描述的注释和补充	当客户添加被推荐的商品进入购物车后，系统发送的促销信息
事件	用来定义触发特定的系统行为或者促使系统状态改变的特定信息	推荐服务收到数据仓库的商品季度累计销售额数据之后，触发商品最高销量数据列表的更新

当我们对上面的业务流程的术语体系非常熟悉之后，就可以灵活地运用它们描述我们在具体业务领域中遇到的业务流程，并恰当地使用上述术语体系与客户、业务领域专家和其他相关成员进行专业化的沟通。

商业化推荐服务的本质是一种基于特定业务领域的增值服务。所以，把一整套完整的商业化推荐服务看作提升平台销售业绩、提升市场地位和强化平台品牌效应的解决方案，就再合适不过了。

在这种前提之下，作为帮助客户平台实现商业化推荐服务的团队领导者来说，"我的产品具有多么丰富的特性，使用了多么高级的算法，对相关的各个数据源进行了多么精细的处理和集成"就变成了一种商业价值上的劣势。而通过把推荐服务作为在客户平台上为客户提供的一整套解决方案而言，就具有了不一样的商业内涵。

对于客户来说，"我有这样的一个平台，拥有日活多少的用户，提供多少品类的商品，为多少供应商服务，目前年交易额和净利润是多少"，"我希望实施了推荐服务的解决方案以后，让推荐服务为平台赋能，期望达到的转化率、交易额是多少"……这样的沟通场面，应该有一种似曾相识的感觉。

到这里，相信客户已经清楚地表达了：作为供应商或者供应部门（团队），客户并不关心技术的选型和应用方式，它们需要的是如何把平台上的现有客户和商品做好匹配连接，同时吸引更多的客户进来，也促使更多的供应商进来，帮助平台实现关键成果指标的提升和持续发展。

因此，能够利用的数据、能够利用的技术、能够利用的现有流程和将来涉及的流程，都是为了关键成果指标服务。

3.2 深入客户业务的解决方案

在本章中，我们把解决方案分为业务解决方案和技术解决方案两部分。其实，大家应该知道，对于需求来说，业务需求、功能需求和技术需求从上到下把一个最终上线的系统做了完整的贯通和划分。

作为这样的系统的设计者、实现者和运营者，每一个环节都是重要的，都需要谨慎对待，同时善用经验中的工具技术方法，以开放的心态来吸纳借鉴跨行业和跨团队的经验和工具来帮助实施。因此，为了方便梳理推荐服务当中的关键流程和关键结构，我们把功能需求的诸多要素拆分和融合到了业务解决方案和技术解决方案当中。

这样做的目的在于避免"产品化"的描述，始终围绕着"客户的业务需求是如何构建和解构的"以及"客户的需求在我们这里是如何技术落地的"这样典型的"解决方案式"的分析思路。

在这里，我们需要换一个维度，从客户的角度出发，看看软件服务的供应途径（Software Supply Channel）。具体来说，从客户的商业决策过程看，就是应该使用通用的商业软件解决方案还是通过特定的软件供应商来提供订制化的软件解决方案。

比如，对于商业化推荐服务来说，可以使用通用推荐服务的平台供应商解决方案，即通过提供相关的计算云服务资源和相关的推荐服务基础接口，然后通过配置和模板的应用实施，来实现相关业务的推荐服务的快速测试和敏捷开发。

同时也可以考虑通过集团公司自有的研发能力和相关技术团队，在开源项目（Open Source Projects）和部分商业化组件（Commercial Components）的集成开发之下，结合公司自有的平台进行定制化开发，当然也可以通过收购、委托开发等形式引入第三方专业软件服务公司进行开发。

上述选项对于不同场景和不同商业机会的结合，会有不同的选择契机和计划执

第 3 章
商业化推荐服务解决方案

行方案。下面对商业化通用服务方案和定制化服务方案做一个比较,供大家参考。

简单来说,商业软件服务可以通过支付一定的费用,直接或者经过一定的配置来使用其提供的相关服务。比如对于商业化推荐服务供应商来说,在数据安全性和业务连贯性的支持下,可以使用云服务的用户访问授权和控制服务,在商业化推荐服务供应商平台上,使用相关的 API 调用各种推荐服务功能。

综合来说,直接使用商业化通用软件服务的好处在于:

- 加速推荐服务相关业务上线时间。
- 避免不可控的自研风险和潜在成本损失。
- 通过试用服务(Trial Version)可以帮助评估商业化推荐服务的业务强度。
- 享受相关的用户培训和客户售后服务。

使用自研或者第三方定制商业化服务的好处在于:

- 具有较强议价能力下的成本节约。
- 针对自有业务的定制和优化。
- 自己可以掌握商业化服务的发展路线和进度。
- 相关商业化服务的知识产权和商业机密保护。

下面,根据上面所列举的内容,结合各种行业情景进行说明。

具体来说,对于加速推荐服务相关业务的上线时间来说,在特定的行业领域中尤其具有重要的商业价值。在实施商业化推荐服务相对比较迟滞的行业和细分市场中,如果其中有一家公司使用商业化通用的推荐服务供应商的解决方案,可以快速上线相关的服务。那么对于其客户来说,在影响核心业务绩效指标和用户服务质量方面,就具有了相对强劲的竞争优势。

另一方面,在其他的行业领域中,对于刚进入这个细分市场的后进公司来说,经过市场分析和竞争对手考察后,如果发现相当部分的竞争对手,不论是自研还是采取商业化通用供应方案的方式,都上线和运营了相关的推荐服务,能够寻找到相关的商业化推荐服务通用方案,快速地与自有业务进行适配,并且在较短的时间内快速上线,就是非常重要的商业机会。

此时，如果在短时间内，仍然要强调重新开始自研和开发，那么就会让企业丧失占据市场优势地位的重要商业机会，或者在已经强手如林的竞争市场中愈发丧失追赶和超越竞争对手的商业生存机会。不论是何种情况，都是不能等闲视之的。

相应地，如果企业在实施了相关的商业化通用解决方案一段时间之后，遇到这样的服务运营状况：一方面，商业化的通用服务解决方案与企业的业务得到了深度集成，目前一切运行良好。另一方面，由于相关的服务是通过向通用供应商采购获得，那么前期节省的上线时间和相关成本会在运营的进展中，对公司的发展造成一些潜在的影响。

比如公司在商业化服务中不具有相关的研发自主权，在产品的特性和功能的丰富方面，需要通过客户反馈和调查的形式向供应商提供要求，而由于使用的是通用解决方案，软件服务供应商也不太可能为了特定客户的具体要求进行及时更新（虽然有些情况下更新是及时的）。作为客户，我们自己无法把握让商业化通用服务来快速适应自有业务发展的同步更新的要求。

因此，当使用商业化通用方案一段时间之后，虽然线上系统继续运转良好，但公司也仍然需要在资金和技术能力允许的前提下，在必要条件具备的情况下，进行自有商业化服务的开发。特别是在公司业务和规模持续扩大和增长的情况下，商业化服务在各个相关部门中的应用（相应需求的及时反馈和功能支持），会产生巨大的内部商业推力和业务凝聚力。

在此基础上，当自有或定制化系统准备就绪时，就可以考虑实施解决方案的"转化"了，即从采购的商业化通用解决方案中下线相关的服务，同时上线自研或者可控第三方的定制化服务。

在这个动态的过程中，定制化服务相关的生态就会建立起来，这不但有利于在公司内部各个部门之间的应用、集成，同时，从商业化软件推广的角度来看，通过对定制化服务的包装和整合，积累相关的商业化实施案例，也可以"反客为主"，成为行业内部的商业化通用推荐服务，成为公司新的业务增长点和盈利方向。

回顾上面的发展过程，我们可以看到，公司在发展初期采用商业化通用方案，首先让相关业务上线，占领市场的相关份额，获得相关的客户体验；在此基础上，通过前一阶段的运营经验和数据支持，经过学习比较和借鉴，在资金和投资人信心增强的条件下，通过自有团队或者可控第三方的自研定制化过程来实现相关商业化推荐服务的自有知识产权和发展路线的主动权，从而在相关市场和客户群体中站稳脚跟；然后，通过对自有商业化服务解决方案的梳理和整合，制作潜在的行业内商业化服务解决方案，提供给其他企业或上下游供应商使用，从而保持技术先进性和客户体验领先性，获得相对稳定的市场优势地位，如图 3-2 所示。

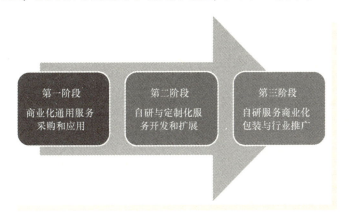

● 图 3-2 采购商业化通用方案与定制化商业方案的发展示意图

▶▶ 3.2.1 客户需要的答案

在与平台客户沟通业务的过程中发现，客户经常在沟通会议之后，要么在公开场合要么在私下聊天中，用一种多少带有不安和揣测的语气问道："今天讲了这么多，你们的解决方案到底是什么？"

其实在这个问题中，客户询问的并不是解决方案，作为咨询方和供应交付方的你此时仍在滔滔不绝地讲，或者沉默不语，都不会让客户满意。

因为这个时候，客户其实是想问："我知道有好几种解决方案，但是我希望获得的是可行的、能够落地实施的可靠方案"。这个问题这样来看，你是不是就难以马上给出答案了。特别是对于电商平台，除了售前的线下营销和售后的线下支持，大部分业务都是通过平台资源和相关技术手段来完成的，因此在没有充足需求准备和技术支持的前提下，更加难以回答。

其实，不论是零售商品的推荐服务，还是基于订阅模式的内容推荐服务，都需要在确定技术解决方案之前，通过多次与供应商、客户代表和内部跨部门团队的沟通来确定推荐服务的战略方向。在商业化推荐服务的系统设计之前，公司决策层对于商业计划的开展和预算的审核批准，需要经过慎重的讨论。虽然这一过程往往也有时间紧迫性的要求，但是作为直接面向终端用户的消费和使用体验的推荐服务，也必须经过一个核定过的标准流程的检验，来确定其内在的合理性和可行性。

推荐服务解决方案的可行性标准由以下几个方面构成。

（1）平台的商业类型
- 平台的盈利方式组合是什么？
- 平台的客户涵盖哪些统计意义上的群体？
- 平台的客户关系是如何运营的？

（2）平台的商品零售定价模式
- 平台的零售定价方案有哪些组合？
- 平台的商品组合方式是如何与定价阶梯相结合的？
- 平台的周期性库存销售计划是如何与客户关系提升结合的？

（3）平台的门户体验风格与推荐服务类型的匹配
- 平台是否适合密集的商品推荐风格？
- 平台的推荐服务如何可以让客户在第一时间获知？

（4）平台的技术团队与推荐服务实施可行性的评估
- 技术团队是否可以在确定推荐服务之后，在计划时间内上线交付服务？
- 平台是否在确定推荐服务方案之后，需要引入第三方供应商？

（5）平台需要支撑的推荐服务的实施成本和运营费用的估计

在实践经验中，往往通过一系列的表格把所有相关的问题整合成一个思维导图，通过集体的讨论和高层决策，最终以方案计划书的形式留存下来，以供后续实施和改进。

在这个过程中，往往要求针对解决方案有一个快速迭代的原型系统作为配合。具体来说，就是在一个模拟的沙盘系统当中，通过对解决方案中的核心业务应用上述的指导准则，来构建解决方案的各个部分，仔细观察解决方案的相关流程和服务承诺所影响的各个因素，特别是与资源和流程支持方面能否按照预期到位，并能够持续改进和执行变更管理。

在这里提模拟沙盘系统，其意义就在于，解决方案内部由一系列的战略计划、核心流程和其他流程、业务规则、技术架构和功能组件（往往是一些可以独立发布的产品服务）以及相关支持支撑单元构成。

在真正的系统并未上线实施和运营之前，可以通过模拟和调整其中的系统选项，让沙盘系统尽可能地接近系统上线后的情况，从而预先发现在需求构建、业务流程和支撑服务中出现的重大风险，尽早对解决方案进行相应调整。

在解决方案通过之前，这样的过程好像有些费周章，但却秉持了那个重要的原则，即"在越早阶段发现系统的问题，修正纠错的代价就越小。"

上面所述的过程如图3-3所示。

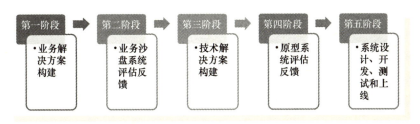

- 图3-3　业务/技术解决方案转化过程示例图

3.2.2　回答问题：来自解决方案的业务坐标

在寻找推荐服务的相关解决方案之前，让我们对推荐服务系统本身做一些细致的观察。

不论推荐服务的设计与实现有多复杂,其系统构成和相关数据源管理总是围绕着用户、物品和交互三个方面展开的,如图3-4所示。

● 图3-4 围绕推荐服务构建的设计示意图

1)对于用户而言,推荐服务需要通过提供各种不同类型的功能和服务来满足用户的个性化需求。不论在内容订阅平台上观看推荐的视频、欣赏喜欢的歌曲或者阅读感兴趣的文学作品,还是在零售平台上选择需要的产品或者服务,或者通过搜索等途径获得平台提供的以排行榜形式呈现的搜索后的推荐结果,都是平台了解用户尽可能完整信息的途径。不论是以用户概览(User Profile)还是以用户画像(User Figure Description)的形式构建相关的数据集,这方面的数据收集、提取和整合的工作都是一个持续演进和不断更新的过程。

2)对于物品来说,其需要以一定的形式在平台网页中的特定位置加以展示,才能为客户所获知。因此"在什么时候,在什么地方,以何种方式"进行相关的呈现,对于物品数据的相关构建来说,就尤为重要了。而从经济成本的角度上讲,平台让物品能够以成本最低、时间耗费最少的方式提供给感兴趣的用户,也是推荐系统必须考虑的方面。

举例来说,首次推荐或者第一时间推荐物品的准确性格外具有价值,不论是通过商品详情页面推荐,还是在用户输入搜索关键词之后的推荐结果排行列表(Rank List)的展示,物品的多方面特征都可以通过充分的使用和可能的组合与消解方式加以应用,帮助提高物品推荐的准确性。

对于物品数据来说，其所代表的特征就需要深入理解。不论具体的特征为何，其都可分为"一般特征（common feature）"与"特别特征（specific feature）"两种，以"一般特征"为核心的物品推荐覆盖的用户范围比较广泛，也可以作为后续推荐的基础点。以"特别特征"为核心的物品推荐环节充分挖掘了细分用户群体的特有消费趋向和兴趣爱好，因此往往也更加能体现个性化推荐的要求。

因此，对于物品数据，我们可以理解为"一般特征"为我们勾画出了用户爱好的"大致轮廓"，而"特别特征"就是在用户爱好轮廓的构图上，对各个细节进行了确定。最终，对于特定阶段的用户爱好和相关确定性描述，就可以成型了。

3）交互主要涉及的是用户与推荐系统之间的行为活动过程。这个过程既有用户在平台上的搜索输入动作、点选、文字评价、交易活动等行为，也有推荐系统向用户提供的各种活动反馈，包括但不限于搜索推荐排行结果展示、物品推荐详情展示、用户行为数据记录和其他推荐服务行为。

推荐系统需要在这个过程中处理很多细节方面的内容，比如对于用户的评价来说，不仅有点选的"是/否"方面的逻辑判断记录，也有多项选择的标量数据收集，同时还有基于文字分析与挖掘的高级处理方式。不论何种方式，都需要与前面讲到的用户、物品的数据收集和处理方式有所不同。

这种处理方式的不同在于，虽然涉及的是用户和物品的相关数据，但是由于其产生自动态的交互过程，因此需要从序列数据处理的框架和方法来看待相关的日志数据，即来自于动态的序列化收集过程，也需要通过动态序列化的方式加以利用和处理。

从整体上来看，上述的各种活动过程都会通过相关的日志文件记录下来，形成相关的数据集合，可以在后续的推荐服务的更新迭代中提供数据支持。

由此，从推荐服务数据流的角度来看，推荐服务的流程就是一个"提供数据"，对数据"进行过滤"，进而"呈现给用户"的过程，如图3-5所示。

下面我们以零售业的推荐服务为例，做一些相关的探讨。

零售商品的推荐服务，在以往的线下零售商店就一直存在着。一整套适合不同类型商品的营销策略和对应的实施方案被广泛传播和学习。伴随着云服务和机器学习技术的持续发展，零售供应商看到了可以在更广泛的平台上推销产品服务的商业机会，因此众多平台愿意投入财力和人力来发展各自的零售电商平台。

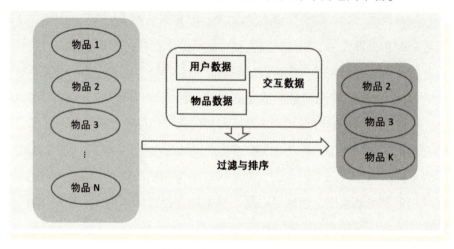

- 图 3-5 推荐服务的数据流与数据过滤示意图

在前面的章节中，我们清楚地看到了在零售电商平台的持续发展和激烈的市场竞争之下，依托不同的商业营销方案和市场规划策略，不同的推荐服务被发现和引入，并在多种行销方式中加以组合和集成，从而提供给客户以不同的平台体验，进而增加了销售量，加快了商品的周转速率，进一步扩大市场规模和深度。

在这里，为了向读者朋友们更加全面地说明零售推荐服务的业务内容，我们把重心放在形象地陈述电商平台前端的商品陈列展示技术上。大家都知道，传统线下零售商店和大型超市的货品陈列展示技术是经过多年的市场检验和改进的整套实施方案，因此线上的零售推荐也会参考其中有价值的经验。在这里，这方面的陈列展示技术也会包括在推荐服务的内容之中。

对于零售商品的电商推荐，我们首先需要了解的就是电商平台上所有可以出现推荐服务的位置，即推荐服务的前端"地理坐标"（请允许我们使用这一通俗形象的术语）。这一点非常重要，因为我们知道，抛开具体的架构设计，简单来说，推荐服务由前端和后端来支撑。后端实现较复杂，从流程上说就是通过历史数据分析向前端推送推荐相关的数据，或者根据前端的即时输入返回期望的数据。而前端负责数据的呈现，平台前端的不同展示位置，往往决定了推荐数据的不同展现样式和风格。

这里和读者朋友们一起回顾下电商平台上的推荐"地理坐标"：

（1）主页推荐

当客户第一次登录到平台后，平台将会为客户做试探性主页推荐，即在主页的某个醒目位置上，向客户推荐其他用户的购买喜好和商品。这种选择由于用户数据隐私的限制和采购第三方数据源的成本限制，往往会比较随机。不论何种形式，主页推荐都会力图吸引新用户最大程度的注意力。

（2）类别推荐

当客户多次登录平台后，根据客户的浏览记录（而不是购买记录），推荐服务会初步定位用户在平台上购买商品的大致类别，比如快消类型零食、家用修理工具或者宠物食品等。这时的推荐服务为了不让客户觉得过于唐突，会"小心翼翼"地继续了解客户的个人喜好和在平台上的潜在购买倾向。

举个实例，比如客户曾经浏览了运动T恤，那么类别推荐就会向这位客户推荐运动上衣类别中销量最好的几款运动T恤，然后通过用户后续几次登录后的行为来持续观察推荐是否有效。

类别推荐也可以对新加入的客户使用，即把几个总销售量高的商品类别中的若干商品依次推荐给客户，进而观察和记录客户的后续行为，以此来为用户增加标签。当然，针对新加入的客户，如果能够提前获知足够的先验知识（比如性别和年龄），再应用类别推荐就会更加有效。

（3）产品页推荐

产品页的推荐是最深的针对用户个性化的推荐。因为如果客户已经点击进去了特定的产品页，则表示不论是主动搜索还是通过一系列平台的推荐服务而进入的，客户都具有浓厚的兴趣和购买意向，至于是否可以最终转化为购买行为，对于推荐服务的数据反馈来说，则显得并不重要了。

产品页的推荐分为了两个部分：针对这个产品的深入推荐和相关产品的推荐。

针对这个产品的深入推荐就是在这个页面上提供尽可能令人信服的推荐依据，让客户经过考虑之后产生购买行为；相关产品的推荐则是在不同的相关性计算以及推荐链条的导引下，在产品页的非核心位置（比如左右页栏或者页面底部）展示具有一定相关性的产品，进而延长用户的浏览时间，产生可能的后续购买行为。

不同的相关性计算是指通过产品的多种属性信息，结合不同客户的数据画像产生的不同的衍生产品推荐。

比如，新型智能手机产品页中，针对年龄18~30岁的男性客户，我们在相关产品页面上会推荐价钱合适又新潮好看的相应手机壳和手机挂饰；而针对年龄35~50岁的男性客户，我们在相关产品页面上也许会推荐适合女性穿搭的装饰品。这样不同的尝试，部分来源于对不同客户后续购买行为的业务理解和试探学习。即年轻男性客户往往追赶新潮，好手机配好手机壳是一个不错的选择。而中年男性客户具有很强的购买能力，但是购买新型智能手机往往是基于馈赠礼物的考虑。

（4）购物车推荐

购物车作为客户购买行为最终转化的地方，一方面需要谨慎使用多余的、可能分散客户注意力的推荐服务；另一方面，使用恰当且相对准确的推荐服务又能在这"最后一站"中进一步实现客户商业价值的转化。

让我们来仔细分析一下购物车推荐的细节。客户到达购物车页面，说明已经决定购买页面上的商品，能够影响其最后购买决定的基本就是再次确认和价格。这里我们不对价格做过多分析，仅仅从再次确认角度来思考。

客户需要再次确认的就是"这个商品是否真的是我需要现在买的东西""我要买的这个东西是否值这个价钱呢"等问题，这些问题会影响顾客最后的结算行为。

这里如果我们停止无休止的商品推荐，转而关注客户即将要购买的商品，就会发现此处仍然有推荐服务发挥作用的机会，可以称之为"商品的升级推荐"。这种向上的推荐，不仅会打消顾客的疑虑，还会进一步提升客户的商业价值。

举一个例子，比如顾客购买了一台吸尘器，准备在购物车中结算，可以加入类

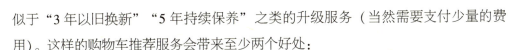

似于"3年以旧换新""5年持续保养"之类的升级服务（当然需要支付少量的费用）。这样的购物车推荐服务会带来至少两个好处：

- 帮助客户意识到了可能事先没有意识到的售后保养问题。
- 通过推荐的升级服务，以预付款的形式使得客户与平台产生了服务连贯性。

通过以上的分析，我们可以看到，购物车推荐中的推荐角度和其他位置不尽相同，但都是围绕客户的需求和关注点来帮助客户更好地实现购物体验。

(5) 个性化搜索推荐

个性化搜索推荐代表了某一类客户的消费流程的起点。这类客户的特征在于他们浏览电商平台的目的非常明确，并且能够准确描述出自己想要购买的商品的名称和特征。因此重点分析这类客户的搜索输入词汇，描绘出客户的购物喜好和倾向性就十分重要。

客户通过搜索后的结果页面，务必确保展示的商品内容必须是或者基本上是客户想要的商品。在这里，推荐服务的含义必须加以扩展，即搜索结果页面中商品的"展示"本身就是一种推荐。不论是以占据页面中的核心位置来展示，还是通过陈列多个与搜索匹配的若干个商品列表来展示，都必须与这个原则契合。

回到客户在平台上的价值生命周期，除了需要分析客户的单次搜索并给出让客户满意的推荐结果，还需要把客户的多次搜索结果加以综合整理，并得出客户的长期购物偏好。

例如，通过客户的多次搜索推荐分析，发现客户对于同类服装产品中的打折商品更感兴趣，说明客户对于价格更加敏感。或者发现客户对于同类服装产品中特定几种颜色或者质地的服饰更感兴趣，这些都可以作为客户的个性化信息来加以记录和后续应用。

(6) 购买确认推荐

购买确认推荐是指客户在购物车结算之后，平台返回的购买确认页面。在这里，平台往往会根据业务逻辑"确认"或者"祝贺"客户购买到了称心如意的商品。在此基础上，客户往往有两种后续反应：买了想买的东西关掉程序或者希望再看看其他的商品。在这个阶段，购买确认推荐就可以使用客户的历史数据、个人画像或者平台的相关活动，推荐合适的商品或者服务来延长客户在平台上浏览和购买的时间。

例如，在客户购买确认了几本烹饪书籍之后，平台可以推荐与烹饪相关的厨房用品，然后通过客户是否点击浏览、是否在页面上停留等后续行为来评估购买确认推荐的效果。当然，最基本的原则还是利用好这一次购买流程中的最后一步，尽可能让客户了解平台中的更多更丰富的商品。

（7）离站消息推荐

之所以称为离站消息推荐，是因为客户结束本次购买离开平台之后，虽然暂时不能享受到平台的推荐服务，但是为了客户下一次的登录和购买，平台使用短信、微博等第三方平台向客户提供不定期的商品推荐，使得客户能够在短期内再次登录平台进行购买，这也是这类推荐活动的主要目标。

例如，在四季交接的时间段中，通过短信给客户推荐服装、鞋帽、生活用品等信息，吸引客户再次访问平台；在生日或者重大节日中，通过第三方平台消息推荐节日相关的商品信息，引导客户再次进入平台体验，这些都是可以借鉴和启发的经验。

通过以上的一系列说明，相信读者朋友们已经看出来，推荐服务可以设计为伴随着客户从登录到在平台上进行一整套采购结算活动的每一个阶段。在不同的阶段都可以使用推荐服务，只是不同的时间节点上，通过结合客户的历史数据、平台的商品相关信息做出合适的推荐，以此来创新商品营销方式和提升销售量。

3.2.3 推荐服务的业务交付

上一节我们讲述了零售电商平台上可以在客户采购流程中的任意阶段添加恰当的推荐服务。那么从另一个角度再来看推荐服务的本质，就是要把"合适的商品"推送给"需要的客户"，或者让客户通过页面的引导"自主"发现"合适的商品"。不论何种形式，从业务角度来说，对不同类型的商品的研究就是拓展推荐服务解决方案的重要组成部分，如图3-6所示。

第 3 章
商业化推荐服务解决方案

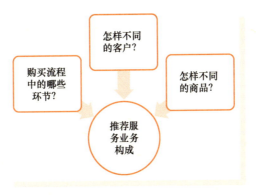

- 图 3-6　构成推荐服务业务的核心要素

这里我们考察作为推荐服务业务中的商品的不同类型，以及它们对于推荐服务效果的影响，如图 3-7 所示。

- 图 3-7　对推荐服务商品类型的分析

（1）销量最高的商品

销量最高的商品在客户购买不熟悉的商品，由推荐服务进行排序推荐时非常有效。比如客户从没有买过家用打印机，那么客户对于品牌、产品质量、使用可靠性和售后服务等方面的综合评估就缺乏依据，因此销量最高的商品如果由推荐服务提供，会增大客户购买的可能性。

（2）最新款商品

最新款商品在特定客户群体中有特别的权重，这些客户喜欢体验新品带来的新特性或者是对当前产品特点的重大改进，总之体验一切新的事物是这类客户的偏好。推荐服务对这类商品信息的使用，就需要和某些用户类型相关联，以产生特别的营销效果。

（3）经常一起购买的商品

经常一起购买的商品往往作为一种触发条件，这时我们可以把这些一起购买的商品当作一个商品集合，即当客户购买了商品集合中的任意一个商品之后，推荐服务都会触发向客户推荐商品集合中的其他商品的行为。由于"经常一起购买的商品"具有统计学的意义，所以，即使这样的商品"链式推荐"不能在客户个体上一定奏效，也一定会在客户整体转化效果上产生重要的影响。

（4）类似的商品

类似的商品是一个宽泛的商品数据门类。它对于"类似"的定义非常自由，但也代表着里面可以发挥的空间很大。对商品、客户的数据信息掌握的属性特征越多，属性特征之间的组合就越多，对于"类似"的定义也就越多样。

类似的商品的推荐常常出现在为客户提供多样性选择上，即客户在选择商品的开始并不是第一时间就能够做出购买决定。如果仅仅推荐少量的商品，则可能导致客户的提前流失，反之，通过不同的且尽可能多的类似标准的商品推荐，可以帮助客户做出购买的决定。

（5）最近浏览的商品

最近浏览的商品在推荐服务中主要使用在两种场景：

第一种场景称之为"再次提醒"，即客户在商品浏览中，有时会发生注意力跳转，比如从浏览服饰到摄影器材。那么对最近浏览商品相关信息的维护和及时再推送，就可以帮助客户重新回到商品的购买决策中来，减少无效浏览时间。

第 3 章
商业化推荐服务解决方案

第二种场景称之为"加速营销",这里对"最近浏览"的定义比第一种场景中的时间周期要长,即客户离开平台并未发生购买行为,之后再次登录平台的流程节点上时,通过推荐"最近浏览的商品"帮助客户重构上一次未完成的购买决策过程,提高最终发生商品价值转换的可能性。

(6) 好评的商品

与销量最高的商品类似,好评的商品也是推荐服务维护的核心商品数据之一。一般意义上,销量最高的商品与好评的商品可以被看作是同等的评价标准,在个性化推荐中,这两者往往有所不同。特别在商品价值较高的场合,好评的商品附带相关的客户评价,往往容易吸引关注产品质量、服务品质等方面的客户的兴趣,这一类型的客户群体对商品购买流程中细节信息的把握和理解也更加认真仔细。反过来也可以看到,客户对于商品的潜在忠诚度的提升也有宝贵的价值。

好评的商品的相关数据被推荐服务利用的过程中,往往越详细的用户评价信息越有价值,比如商品使用的文字描述、图片和视频信息等。

(7) 既购买商品 A 又购买商品 B

商品 A 和商品 B 进行了数据上的关联。这种关联的价值往往并不是纯粹从商品营销角度考虑的,而是具有一定的领域专业性和咨询性质。当客户购买了商品 A 之后,往往由于疏忽或者缺乏一定的专业性而没有发生购买商品 B 的行为。但是当客户使用商品 A 之后,由于缺乏商品 B 而发生问题时,就影响了其购买体验。

虽然这种购买体验的影响并不一定发生在平台上,但是如果平台的推荐服务利用商品的专业性知识对商品 A 与商品 B 进行了关联,那么平台的专业性就会得到客户的认可,从长期来讲,有助于提升客户对平台的信任感和忠诚度。

需要指出的是,这种商品关联推荐的方式需要谨慎使用。我们需要厘清两种不同形式的关联:

- [形式一] 部分客户购买商品 A 又购买商品 B 的随机行为。
- [形式二] 从专业性上关联商品 A 和商品 B 的必要行为。

我们需要避免第一种盲目的推荐行为,因为它在向客户推荐的过程中,缺乏必要而合理的理由，反而会影响平台上类似的"关联商品"推荐服务的成功率。简单来说就是客户不再关注此类推荐服务了。

3.3 推荐服务使用的技术

回顾从需求到解决方案的整个过程，在产品团队与相关客户、领域专家等利益相关者的多次沟通之中，人力有限的精干团队成员，往往身兼数职，他们确实可以在这个过程锻炼多方面的能力，但往往在不经意之间会与不同"专业术语"的相关成员用多种视角和描述方式进行交流，而这不仅会带来不必要的沟通成本，同时也会在不经意间影响产品的设计实施进度。

具体来说，就是要时刻清醒地记得，不论作为需求还是解决方案，软件服务（包括本书介绍的商业化推荐服务）都包括了三个不同的层次，它们各自有不同的主题领域和专业术语，如图 3-8 所示。

业务需求与解决方案	业务层面
·企业战略与发展计划 ·客户销售与营销计划 ·业务流程与业务规则 ·业务问题与商业机会	
功能需求与体系组成	**功能层面**
·业务划分与业务重构 ·流程接口与系统集成 ·功能定义和分解 ·现有系统的功能继承	
技术需求与架构	**技术层面**
·功能转化的技术可行性 ·技术架构和资源选型 ·现有技术的可支撑程度 ·技术先进性的保持和维护	

● 图 3-8 需求与解决方案的三个层面展示

把握住以上的三个层面，并且把对它们的理解融入业务解决方案和技术解决方案的实施当中，就能够尽可能保持正确的方向，即满足客户的需求和实现客户业务的商业价值。

3.3.1 选择正确的方向

以本书前述章节的内容为基础，我们考虑如何利用企业自身现有的技术能力，提供适合特定行业和相关核心业务的推荐服务。

具体来说，就是从我们对自己提供的产品的了解，对自己服务的客户群体的分析和理解出发，利用现有的技术"量体裁衣"，构建相应的推荐服务系统。

技术架构层面按照从简单到复杂的顺序，可以做以下的考虑。

1）充分利用数据库/数据仓库架构：利用现有的数据库/数据仓库内置的计算引擎和相关数据源，通过存储的经过计算的逐项产品的统计数据，向客户做大范围的推荐，或者对最新产品进行信息录入和相关推送，让尽可能多的客户获得推荐的效果。这种技术方案往往是从公司现有的技术储备和相关架构出发，充分利用数据库内置的计算引擎以及相关数据库存储过程和数据库函数的多种组合，在数据存储的地方进行计算和相关结果的前向推送。在公司相关数据仓库与数据库配合的技术架构成果的基础上，在数据库计算引擎中放置的推荐相关的数据计算规则和在数据仓库中注入的相关业务计算规则的密切配合之下，通过深入挖掘相关的业务细节和推荐场景，往往可以为企业平台现有的数据存量挖掘和释放出价值巨大的商业潜能。这种形式的推荐适合于产品品类较少、提供的产品较为简单的情况，比如游戏平台中推荐的畅销道具、专业摄影器材线上平台中的好评推荐等。在这种情况下，往往并不需要在前期投入过多预算和相应的开发成本，就可以起到推荐服务所要实现的产品营销作用。

2）使用规则引擎进行推荐：基于规则触发业务行为的方式，特别适用于对平台自己的商品或者服务的相关信息事先进行了尽可能深入的分解和数据建模，同时对平台的使用客户也非常了解的情况。在这种情况下，通过在业务逻辑的原有流程中嵌入相关的商业规则，可以在关键的节点上让用户在丰富的产品服务的信息中加快选择和决策的速度，同时由于商品信息与用户信息规模都不巨大，用户的特定选择和决策趋向也可以被限定在有限的类型范围中。这样，在特定的商业逻辑的流程节点上，通过规则引擎对商业规则或者业务规则的触发，可以起到推荐服务的作用。

这种类型的具体示例，可以体现在商品服务和用户规模都不大，或者类型划分可控的情况下使用规则引擎技术来提升转化效率的推荐服务系统。也就是说，所谓的"用户兴趣"在特定的平台和行业应用中，并不是"发散"和"类型不可控"的场景，而是不论用户规模的大小，其对应的"决策趋向"都可以划分为特定的几种类型。

使用规则引擎进行推荐，还可以应用在企业商业流程当中，作为"微推荐"内嵌在特定的商业流程节点上。特定的应用场景包括了企业资源管理平台中跨部门协作的流程和与供应商集成的业务流程节点上。这些场景由于专业知识和经验的缺乏，或者企业对业务处理效率的要求，同时又想人工干预，这时使用规则引擎进行的推荐服务可以帮助业务操作人员快速确定可能的决策方向，以及相应的业务影响，从而更好地理解跨部门业务或跨供应商业务，提高整体业务流程的处理效率。

在上述两种基本的技术构造中，也包括了它们之间的混合架构体系的应用。在这里我们可以清晰地看到，通过对客户业务的整体评估和详细分析，在很多的业务场景中，其实都不需要机器学习算法的介入就可以很好地提供相关的推荐服务。

3）使用机器学习算法和模型组合进行推荐：在相当部分的平台业务场景中，由于提供的商品服务种类繁多，相关商品服务信息本身代表的数据结构也相当复杂，并且经常发生更新，同时用户在这种商品服务的消费场景中，其相关的"消费兴趣"和"决策趋向"也难以被捕捉和进行明确的分类。

在平台获取的数据角度上观察，能够获得的就是一系列用户的行为数据流，也就是用户鼠标点击流（Click Stream）或者输入的评论文本流（Text Stream），并且这些数据流在一种与平台的交互中相互联系，具有一定的相关性。在这样的情况下，就需要使用推荐服务机器学习算法（比如协同过滤算法、排序算法等相关算法和模型组合,起源于"从数据中来"),然后通过"数据来解释数据"的方式,实现"到数据中去"的整体过程。

在很多大型在线零售电商平台和客户服务多元化的在线内容提供平台上,就需要大量使用这种机器学习的方式来实现推荐服务的营销效果。

综上所述,根据平台业务类型以及相关商品服务和客户的规模和特征使用的技术方案可以在简单与复杂、尽可能利用现有架构与开发新的算法系统等多个方面进行充分的权衡和综合应用,以上所述内容如图 3-9 所示。还是常说的那句话,技术的一切选择取决于公司平台自身的具体情况和业务需要。

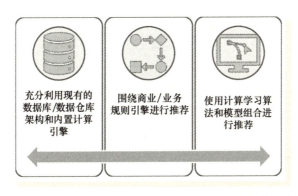

- 图 3-9 根据不同平台业务类型选择不同的技术方案

从整体系统的输入和输出角度来观察,商业化推荐服务实际是系统在获取到用户的各种平台行为之后,通过各种技术方法以各种推荐形式向用户推送感兴趣的商品,并且希望在这个过程中尽可能提高商品推荐的转化率,挖掘用户的最大商业价值,如图 3-10 所示。

在前面的介绍中,我们曾经提到,对于不同商业模式和企业发展周期的不同阶段而言,根据企业或者部门的实际情况(包括战略目标、市场分析情况、绩效指标要求、预算水平和团队技术和实施成熟度等多个方面),需要选择有步骤和有计划的推荐服务架构的构建和演进。

当需要快捷高效的技术解决方案时,仅使用现有系统中的多种数据库分库中存储的用户、商品和交易数据,就可以实现简单而标准的推荐服务方案。当产品服务不断取得良好的效果，平台的相关技术服务得到支持和发展时（最重要的是当预算投资和业务场景复杂度不断提升），一些高技术支持下的推荐服务架构方案才能得到应用和落地，比如以大规模高性能计算资源支撑下实现和运行的机器学习推荐服务算法。

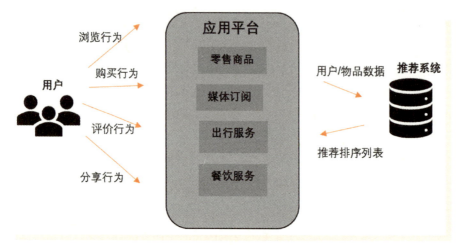

● 图 3-10 　推荐系统业务场景示意图

下面以零售商品平台相关的推荐服务架构图为中心，结合推荐服务的不同内容形式来探讨使用不用复杂程度和资源成本下的推荐服务实现方法，如图 3-11 所示。

用户交互层和应用服务层要求我们面向具体的业务场景和用户交互行为，以推荐功能和客户需求为核心业务要素，提供各种形式的面向业务成功的功能服务。因此，从设计上要求直观清晰并且能够基本覆盖平台的各个展示层面；算法功能层从算法和流程的角度为上层的各种复杂程度以及集成程度不同的推荐服务提供模型和算法上的具体支持，在这一层次中，如果从横向平面上看，从资源部署的角度，这里存在着大量生产系统中根据业务请求而并行运行的算法工作流和相应的运行流水线（这些流水线就是我们在前面的章节中提到的完成相关机器学习模型的训练优化和部署的相关过程）；数据支撑层通过集中式或者分布式的数据运营流水线，使用控制精准和高效的数据版本管理机制，把上层算法和模型中需要的数据以正确的格式提供。在数据支撑层，本着"运算靠近数据"的原则来帮助完成相关数据的统计和预处理工作这里也有企业运行着的大量数据库内嵌的数据处理和计算过程（比如以存储过程、函数脚本的形式存在)。

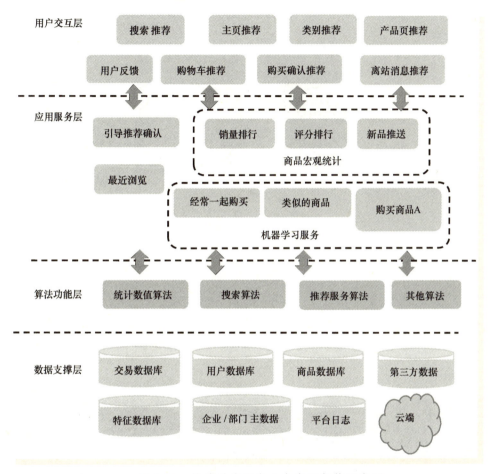

● 图 3-11　推荐系统服务业务资源架构示意图

下面结合企业不同阶段使用不同规模的推荐服务（根据图 3-7 中所展示的各个层次的不同服务和组件）分别加以介绍。

主页推荐中存在着多种推荐服务提供的内容。首先主页推荐中有搜索推荐的入口，方便用户进行关键词搜索。其次，主页推荐中还会适当展示商品的类别信息，在这类信息中，使用商品数据库中事先进行分类和标签化的商品概要信息可以帮助客户快速定位到自己感兴趣的商品品类，如图 3-12 所示。

● 图 3-12　主页推荐示意图

这类推荐中，在推荐服务构建和运营的最初阶段，可以仅仅借助企业已有数据库中的相关物品数据，经过统计分析和整理推荐的销量最高的商品，或者最新款商品和最受好评的商品。特别对于在线销售专业领域产品的平台（比如摄影器材品牌专营的平台），不用过多考虑大量商品品类的相似性构建问题，因此使用较为简便成熟的数据库技术就可以达到较好的推荐服务效果和相应的推荐转化率，如图 3-13 所示。

● 图 3-13　专业商品平台的主页推荐示意图

第 3 章
商业化推荐服务解决方案

类别推荐是初步获得和分析在用户浏览和购物数据以后，向用户推荐可能感兴趣的商品类别。在这里，将会使用通过基于内容和标签化方法所推荐的商品类别内的相似商品，或者基于用户的协同过滤等方法所确定的相似用户购买的商品作为主要推荐目标。当然，在类别推荐中，虽然我们使用相对高阶的机器学习算法来获取类别商品和相似商品列表，但是为了进一步提高推荐服务的转换率，也需要使用由传统数据库统计数据提供的针对类别商品的最高销量商品推荐和最受好评商品推荐。

产品页推荐是在当用户点击具体的商品之后，在商品详情页中进行展示的。在这里，用户最近浏览的商品、与此商品经常一起购买的商品和与此类似的商品都可以作为备选的推荐商品。推荐服务会使用一定规模的推荐服务算法来实现上述的推荐。通过调用用户的最近浏览历史记录来展示用户浏览的商品。通过用户点击商品的鼠标行为，触发推荐服务调用（比如使用基于用户的协同过滤算法而获得的类似用户在购买这个商品的同时会购买的商品），或者使用基于物品的协同过滤算法来推导出与此商品类似的商品，如图 3-14 所示。总而言之，结合前述章节的介绍，推荐服务会选择性能高效、运行稳定的算法模型来进行此类推荐。

- 图 3-14　商品详情页的不同推荐服务方法（当当图书的商品详情页）

也就是说，通过不同的算法模型和计算过程的组合，能够应对前端不同的业务需求。比如，对于商品详情页来说，能够正确并且低延迟地返回如下问题的推荐结果。

- 经常一起购买的商品。
- 浏览此商品的顾客也同时浏览的商品。
- 购买此商品的顾客还购买过的商品。
- 最近顾客还浏览过的商品。

在回答了上述问题之后,结合商品详情页对本商品的详细说明,就可以做到商品的深度转化,从而能够最终促成商品的购物车转化和最终订单的结算。

购物车推荐就是在购物车页面中针对当前准备要购买的商品做相关联的推荐,其所使用的技术与上述商品页面详情页面基本相同,这里不再赘述。

购买确认推荐就是在需要做商品交易结算的关键节点上,通过事先的计算和业务场景和规则的关联,触发推荐的相关服务。由于购买确认推荐和交易结算直接相关,因此在这个流程节点上,一般不会做其他类似物品的相关性推荐,因为这样可能会引起客户的不快而增加中止交易结算的风险。

相应地,购买确认推荐往往根据当前商品的特性和相关的业务规则,生成附加服务或增值服务的相关推荐内容。比如在购买电器设备的购买确认推荐页面中,会推荐"以旧换新""按年份保修"等增值服务内容。不仅为用户提供了售后维护和保养方面的便利,也提升了该商品的持续商业价值,同时带动了平台相关服务的业务发展和水平提升,如图 3-15 所示。

- 图 3-15　购买确认推荐中使用的增值服务推荐

通过以上的内容讲述,我们看到作为后端的推荐服务系统,不仅需要推荐服务的良好推荐效果、较强的模型计算能力和资源扩展能力,同时还需要具备商业化推荐服务的其他要求,比如易用的配置能力用来提供给前端团队去灵活配置相应的服务能力、可以弹性组合的推荐模型算法来提供不同范围和强度的推荐结果、可以与企业的传统数据源及统计计算结果相集成的数据整合能力来满足前端丰富多样的业务场景和推荐上下文的不断变化。

总之,在商业化推荐服务的技术发展和演进中,评价推荐服务效果的端到端标准需要和业务部门的密切沟通和配合,指定合理和有执行意义的系统指标来帮助推荐服务向技术专业化、流程标准化和价值商业化的方向持续努力和不断发展。

3.3.2 推荐服务中的算法模型

本节介绍推荐服务的相关机器学习算法。由于市场上已经有很多讲述这些算法以及其中细节的著作了。所以,本节主要希望通过相关内容的介绍,能够让还不熟悉这些算法的读者朋友们很快地理解其中的含义。而对于企业商务智能、IT资源线的管理者来说,也可以通过本节的阅读就各种算法的功用、应用场景和核心原理有一个通盘的了解,从而为从宏观上把握相关服务的发展方向提供指导和借鉴。

让我们先从外围看一看推荐服务的业务场景。

我们以商品销售类推荐服务为例,当用户进入平台,输入搜索关键词或者随机点击某些主页中展示的商品页面以后,后台的推荐服务对于用户来说,同时就开始工作了。那么,推荐服务需要做这两项基本工作:

- 向用户推荐他们可能感兴趣的商品。
- 向用户推荐的商品尽可能准确又不会太多。

上述两项基本工作背后的商业销售含义就是向用户推荐他们感兴趣的商品,那么感兴趣的商品就要么是与用户搜索中输入的词条对应的匹配或类似的商品,要么就是在主页推荐或者商品详情页面中推荐与用户具有某种相似喜好的用户购买的商品。总归就是以某些相似性判断组合为标准推荐一系列的商品,这是一方面。

另一方面,由于页面展示空间有限,也要考虑页面渲染和展示的性能要求,最重要的是用户的浏览耐心和消费热度递减的规律，要求我们必须对页面上推荐匹配或相似商品进行排序，把我们认为用户最有可能感兴趣和下单的商品放在最前面的位置。

在上面通俗地描述推荐服务的经典业务场景的过程中，推荐服务需要提供的支撑算法模型就呼之欲出了。

推荐匹配或相似的商品列表，由推荐系统的召回算法提供输出。

对生成的具有某种相似性的商品列表，按照一定的标准进行排序和过滤缩减，由推荐系统的排序算法提供输出。

因此，抛开推荐服务的存储设计、运行监控设计、推荐日志和预警设计等相关的构成组件和辅助功能来说，推荐服务最为核心的两个算法支撑就是召回和排序，如图 3-16 所示。

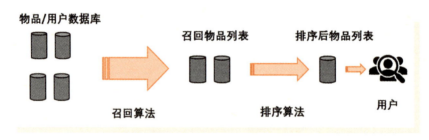

● 图 3-16　推荐服务的召回算法和排序算法示意图

首先，让我们来介绍召回算法。

召回算法是推荐服务中的第一阶段算法，主要是根据用户的偏好和物品特征集中的部分特征或特征组合，从后端的物品库中选取出一部分用户可能感兴趣的物品，然后再交给后续的第二阶段算法（即排序算法）。

召回算法大致可以分为基于内容的推荐、协同过滤推荐、基于矩阵分解的推荐和基于深度神经网络的推荐。本章主要介绍前两种推荐类型。

（1）基于内容的推荐

基于内容的推荐是一种相对保守的推荐。之所以称之为保守的推荐，是因为它是以物品之间的相似性为基础，通过推荐与用户喜好的物品相类似的物品来实现推荐服务。

因此，从最终效果上来看，如果我们通过用户行为分析和数据收集，仅仅知道用户的某些喜好，那么我们就仅仅能够提供和这些喜好相关的具有相似性的物品。超出这以外的用户喜欢的物品，我们就无从得知。

举例来说，如果我们知道用户喜欢科幻小说，那么如果有新版的知名作家的科幻小说集出版，我们就可以把它推荐给读者。与此类似，如果有"雨果奖"获奖的科幻小说作品，我们也可以推荐给该用户。

但是，如果我们仅仅知道用户喜欢科幻小说，想通过基于内容的推荐，就不会得出其他类型的物品作为结果推荐给该用户。

基于内容的推荐原理如图 3-17 所示。

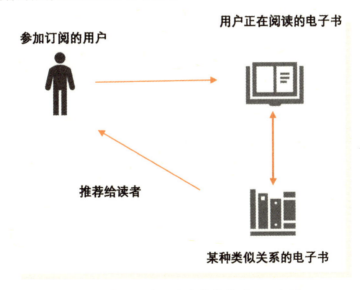

• 图 3-17　基于内容推荐的召回示意图

基于内容的推荐，最关键的是需要维护一个围绕物品的若干特征的特征数据库。因为从用户的角度来说，如果捕捉到用户喜欢一个物品，其对于物品的喜欢的原因可能是多方面的。因此，我们需要通过若干个特征或者特征组合来尝试推荐用户喜欢的类似物品。

从技术实现上来说，首先我们需要维护若干物品的特征描述标签。以电影为例，一部电影的剧情类型（爱情题材、科幻题材、社会题材、战争题材等）、导演和编剧、主要演员、时代背景等特征都是作为标签的素材。因为这些特征标签都可能是用户选择这部电影的主要原因。

然后我们需要记录用户在平台上观看电影的历史记录。这样，以每一部用户看完的电影作为出发点，就可以去召回和搜索与这一部电影在各个标签列表中的其他类似电影，在后续的过程中推荐给用户。

因此，基于内容的召回有时也称为标签召回。在实际工程应用中，我们会把物品的属性特征标准化，然后把所有的物品与标准化的特征组成物品相似度矩阵。以电影为例，如果两个电影的导演是同一个人，则这两个电影在导演这个特征上针对当前用户来说相似度为1，以此类推。

需要注意的是，每一个指标我们都需要指定一种相似性度量标准来为每个候选的物品打分，同时还需要注意，这种推荐是针对当前单一用户的，它并没有其他用户的信息。

基于内容的推荐有如下的优势。

- 用户信息相对独立。基于内容的推荐只需要通过当前用户的行为记录来了解其喜好特征，同时需要大量的人工前期标签工程来实现物品的分类和标签化。这种推荐算法不需要具有某种类似关联的其他用户的喜好等信息的收集。
- 推荐理由解释明确。由于算法基于某种明确的物品特征或特征组合来过滤和推荐物品，所以在向用户进行销售推荐的解释时，可以较为明确清晰地说明推荐的理由，比较容易为用户所理解和采纳。
- 物品的可预测性推荐。即使用户没有对某些物品浏览评价过，也可以通过某些特征上的相似性来推断用户对这些商品的喜好程度。

基于内容的推荐的劣势主要表现正如上文中提到的，由于它仅依靠可以获知的用户喜好特点，因此推荐的内容比较保守，仅仅能推断出用户某一些已知喜好范围内的物品,无法给用户带来所知喜好之外的用户喜欢的物品。

(2)协同过滤推荐

协同过滤推荐就是在相似性用户信息和相似性物品信息的协同配合之下,对数量巨大的物品库进行召回过滤的算法。算法主要通过对用户历史行为记录的分析发现用户的偏好和消费倾向,然后基于特定的偏好标准对用户群体进行分组,并根据物品的相似性进行物品的推荐。

协同过滤推荐算法分为两种类型,即基于用户的协同过滤算法和基于物品的协同过滤算法。这样的算法基于这样的理念:类似的用户应该喜欢类似的物品。

下面我们具体来了解一下两种协同过滤算法的原理和计算过程。

- 基于用户的协同过滤算法。

基于用户的协同过滤算法,简单概括就是先找到当前用户的相似用户,然后把相似用户喜欢的物品推荐给当前用户。

基于用户的协同过滤算法首先依据每一位用户的历史行为数据来了解用户对物品集中每一种物品的喜好(可以使用评分或者其他数值化方法进行度量),然后通过对每一个这样的用户-物品向量进行相似性比对,从而在所有的用户之间进行总体相似度评分,这样就可以构建出针对用户集合的相似性排序列表。

在这之后,对于"近邻"相似度高的用户,当其中之一的用户有新的喜好物品时,我们就可以依据前面的对于"相似"用户的判断,为相似度高的其他用户推荐这个物品。

因此,可以说,基于用户的协同过滤算法是希望通过相似度计算和用户"近邻"定义,来实现一种对"如何寻找相似的用户"这一问题的数值化解答方法。

基于用户的协同过滤算法原理如图3-18所示。

通过上面的介绍,我们了解了基于用户的协同过滤算法的原理,现在我们介绍算法的构造过程。

第一步,收集用户集对特定物品集的评价,为发掘相似用户做好数据准备。

这一步一般可以通过在平台物品或者内容页面提供打分功能来收集相关数据,

通过鼓励用户对所消费的物品或者内容进行评分，我们就可以及时了解用户对物品的喜好情况，从而能够从整体上了解客户的喜好，进而帮助构建用户画像。

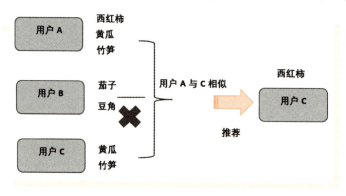

● 图 3-18　基于用户的协同过滤算法原理图

这样的用户对特定物品的评分表见表 3-2。

表 3-2　用户对特定物品的评分表

用户 ID	内容 A	内容 B	内容 C	内容 D	内容 E
用户 A	7	8	5	3	9
用户 B	4	5	0	9	9
用户 C	6	3	9	0	7
用户 D	0	7	4	5	8

第二步，使用特定的相似度计算标准，计算用户之间基于特定物品评分集的相似程度。这里需要注意，对于用户相似度的度量，是基于特定的物品评级集的。换句话说，如果我们对同样的 A、B、C、D 用户使用不同的物品集进行评分和相似度计算，可能会得出用户之间不同的相似度排序结果。

而且在实际应用当中，还有一个容易引起忽略的地方，就是用户对物品的评分也往往有很多种标准。比如针对电影的时长打分分析出在"哪些用户是喜欢看 2 个小时以上电影的相似用户"，又比如针对电子书的文学风格的评分分析出"哪些用户是喜欢北欧文学这个相似度标准下的相似用户"。当然，一般情况下的评分标准，都是基于对物品或者内容综合感觉的评分，这样的相似度度量角度较为简单，但是往往会丧失一些真正有决定意义的特征相似度视角和细节。具体如何应用，需要看推荐服务的业务场景和工程需要。

计算用户的相似度方法有很多种，根据计算时间、计算精度和计算误差的控制方法的不同，可以选用不同的相似度计算方法。这里就不详细展开了。

第三步，通过相似度计算结果得出推荐结论。

这一步就是根据上面第二步的相似度结果，通过获知的相似度数值排序高的相似用户，比照相应的用户对所有物品的评分，在相似用户没有评分（即没有接触和浏览过）的物品上，对其推荐对应的物品或者内容。

总结上述步骤，即选取特定的用户集，对于其中特定的用户A，通过相似度计算找到与用户A相似的用户B，在相似用户B的所有评分物品的遍历中对照出用户A没有评分过的物品，然后把这个物品推荐给用户A。

通过基于用户的过滤算法的介绍，可以看出这类算法对于具有社交群体和兴趣组类型组织的社交网络具有较好的推荐效果。

- 基于物品的协同过滤算法。

基于物品的协同过滤算法不同于基于用户的协同过滤算法，而是基于这样的推荐原理：用户如果以前喜欢物品A，则系统通过计算获知物品A与物品B类似，就把物品B推荐给用户。

首先，需要以一定的标准计算两物品之间的相似度，然后，基于这种相似度矩阵的维护，通过用户选择其中一项的物品，触发对这样的矩阵上另一个维度上的物品的遍历和扫描，通过一定的排序方法获得推荐的若干备选物品。

可以通过图3-19来说明这个过程。

通过图3-19我们可以看出，系统对于物品A和物品C具有高度的相似性这个认识，是通过前面两个用户对于物品A和物品C的同时选择而得出的，即通过这样的过程使得物品A和物品C的相似度数据较高。因此，当第三个用户选择了物品C之后，通过遍历物品-物品的相关性矩阵，就可以得出向第三个用户推荐物品A的推荐列表。

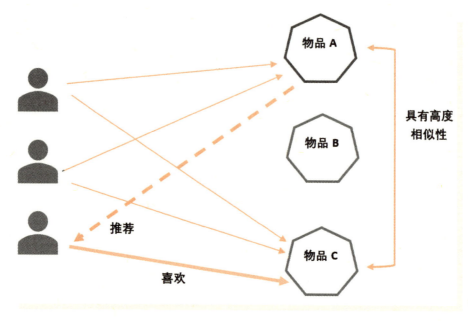

● 图 3-19　基于物品的协同过滤过程示意图

通过图 3-19 也可以看出，基于物品的协同过滤算法并不关注用户之间相似度的度量和判定，而是通过用户对物品的选择和相关评分，着重于对物品之间相似度关系的确定，从而针对当前的用户，通过判定其选择的物品来推荐相关的物品。

在以上介绍的基础上，我们对于不同算法适合的不同业务场景也有了一定的认识。在这其中，基于协同过滤的系统其实从另一个层面来讲，是基于"打分"的推荐系统，即它需要充分地获取众多用户对于众多产品的评分数据，以这种评分数据为基础，就可以计算出任意用户之间、任意产品之间的相关性和相似度指标数据。而与此相对的，基于内容的推荐系统更侧重于通过提供用户以"打标签"的方式，或者借助专家团队的指导，通过程序自动化的方式实现对物品实行"标签化"，然后再利用用户对物品标签的各种标记和选择记录作为数据，通过用户喜欢一种物品之后，依据其中的标签化关联关系来推导出用户可能喜欢的其他物品。

同时，从另一个角度来看，基于内容的推荐算法更偏重利用领域相关（Domain-

Specific）的知识和标签，通过相似产品的推导传递来实现对用户偏好的理解和对相似物品的推荐。而基于协同过滤的推荐算法更侧重于在领域无关（Domain-Independent）的理念前提下，充分利用用户对众多物品的评分等数据的收集，从数据层面的相似度测量上来定义"相似的用户"和"相似的物品"。因此，对于不同的业务领域，经过评估和比较，使用不同类型的推荐服务模型和相关算法是比较合适的做法。

通过上面的介绍，相信大家对召回算法中基于内容的推荐和基于协同过滤的推荐已经有了一定的了解，那么在这里让我们把它们和技术服务架构结合起来，通过算法层面和应用架构层面来综合进行说明。由于篇幅所限，在图中我们并没有标出排序算法，在实际的推荐物品过滤过程中，我们需要在召回算法提供的候选物品列表中，通过选择特定的排序算法，按照特定的评分标准来进一步过滤和排列相关的备选物品，如图3-20所示。

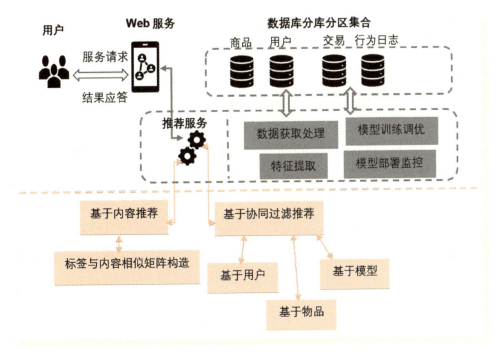

● 图3-20 推荐系统综合架构示意图

在实际的生产系统中，驱动推荐系统推送商品推荐信息的方式有 显式 和 隐式 两种。

显式推荐 的业务场景有，用户在平台提供的商品搜索条中输入特定的商品名称或商品品类名称，系统收到请求后，会生成一个商品列表执行计划（Execution Plan）。我们假设用户是第一次使用平台选购商品，则推荐系统会通过业务规则触发基于内容的推荐，通过查询通过商品标签化数据、商品类似矩阵等数据结构，返回与用户输入商品匹配或类似的商品列表。

之后，再通过一定的排序算法向用户按照次序推送一系列的商品信息供用户选择。在实际的在线学习功能提供的基础上，实际上只要用户在平台上停留和浏览的时间足够长，包括在不同商品页上的行为被及时地记录和分析（相对于用户的冷启动），就可以在较快的时间内或多或少地捕捉到用户的个性化信息。当然，这个对架构的演进和成熟度都有一定的要求，也不是一蹴而就的事情。

隐式推荐 的业务场景也存在很多种情况。总体来说，就是用户在平台上点击页面、浏览商品、查看评价的过程中，在每一处用户可能会聚焦注意力的页面位置，都可以通过适当的页面展示技术来呈现推荐的内容。

之所以称之为隐式推荐，或者称之为被动式推荐，就在于它是在用户没有察觉和不经意间进行的。就像在本书前述章节中所阐述的那样，通过基于协同过滤的方法，在合适的业务场景中，通过用户-用户相似性分析、物品-物品相似性分析、用户-物品的关联或者基于模型的过滤方法，运用多种方式和多种页面展示技术来向用户推荐系统认为用户会感兴趣和会购买的商品。

在这个过程中，需要引起重视的是，不仅仅通过完成商品的推荐，还需要根据销售推荐的经典方法，在商品详情页面、商品页的浮窗页面、类似商品导引信息条等位置提供推荐这些商品的推荐解释。

经典的销售推荐方法告诉我们，如果希望客户购买我们推荐的商品，从消费者的决策过程中，实际上经过了如下的过程。我需不需要这个商品？这个商品值不值这个价格？这个商品会给我带来什么价值？

如果能够在推荐服务的过程中，结合商品信息数据库中积累的丰富而充满细节的商品信息，并且能够在推荐页面提供对上述问题的尽可能令用户满意的回答，则很大可能会促成这次交易。

对于上述的 3 个看似细节的过程，如果我们能够做得很好，则其销售效果是显著的，如图 3-21 所示。

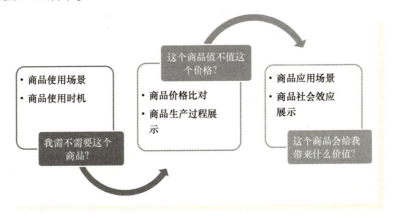

● 图 3-21　为销售加速而添加的推荐服务增值服务示意图

对图 3-21 中的说明项，限于篇幅，我们做部分阐述。

在"我需不需要这个商品？"的销售推荐引导环节中，我们需要在推荐服务的商业详情页面中同时展示我们的"推荐商品解释"。这种解释不仅是技术上的，更是商业销售上的。比如，夏季我们在推荐特定品牌的太阳镜时，通过文字、图片和视频展示穿戴太阳镜在海滩上嬉戏的场景，使得坐在屏幕前的用户立即被带入此商品的使用场景中，从而唤醒购买这个商品的需要。

在"这个商品值不值这个价格？"的销售推荐引导环节中，我们需要在用户把商品加入购物车，还没有进行最后的交易结算的购物车页面中，添加相关的推荐解释。比如对于精品彩色摄影作品集这类出版物，我们会在购物车页面中的弹窗中通过文字、图片或者视频的方式展示这个摄影作品集的摄影过程、选片排版过程和装帧设计过程，通过展示这一系列的复杂成书过程、制作过程中的用心程度等内容，在用户犹豫买还是不买的过程中通过推荐解释和引导最终帮助其下定决心进行销售结算。

同时我们也需要明确,围绕不同的商品品类和商品使用场景,在推荐服务的推荐内容设计中,我们还可以开发出更多的推荐解释和引导内容开发。这些内容对于最终商业化推荐服务的商业表现评估也同样重要。设想这样的场景,虽然推荐服务的核心算法服务基本把相似用户、相似商品的关系都较为准确地确定了下来,也做了较为精确而适当的排序推送给用户。但是如果推荐服务的内容展示具备"技术上的成熟性",却由于"销售内容上的连续性"的不具备而导致最终的商业化推荐服务的相关绩效 KPI 指标并不理想,那就是较为遗憾的事情了。因此需要引起我们的足够重视。

3.3.3 推荐服务的上下文环境

在前面的章节中,我们介绍了推荐服务中的经典算法和它们对应在具体商品推荐功能中的应用场景。

这些算法的功能和处理的对象,基本是围绕着物品和用户来展开的,即针对物品的销售量、好评度量和相似度计算,以及用户的购物喜好、用户群的类型划分和用户之间的相似性度量来展开的。

然后,在业务解决方案中的推荐场景重演中,我们收集和分析了涉及用户和商品的诸多因素,发现决定用户是否选择推荐的热销商品、个性化喜好商品的过程中,很多重要的决定性因素往往与推荐服务业务中所涉及的上下文环境(Context Information)有关。

这样的上下文环境信息具体来说包括了用户使用推荐服务的多方面要素:

- 时间要素 1:用户使用推荐服务的时间段。
- 时间要素 2:用户接受推荐服务的是时间关键节点。
- 位置要素 1:用户使用推荐服务的地理位置。
- 位置要素 2:用户接受推荐服务的流程节点位置。
- 情绪要素:用户接受推荐服务的消费情绪分析信息。

- 社交要素：推荐服务利用社交网络向用户推荐其社交好友的消费喜好。

在上述多方面要素中，我们举例说明一下。

用户使用推荐服务的时间段，如果收集到用户平时购买特定商品的时间端是晚上，则其晚上登录系统接受推荐服务的转化率与其在其他时间段的转换率就很大概率不相同，那么所使用的推荐服务类型和推荐强度也会有所不同。

时间关键节点的用户接受推荐服务的信息场景：每星期的特定时间点会购买特定的日用或办公用品，那么这类信息也会作为特殊的标记信息用来为推荐服务个性化推荐的内容之一，在特定的时间关键节点上推荐给用户和类似的用户群体。

再比如，作为服装衣帽类的商品品类推荐，在春天和秋天等换季季节中应该推荐合适的服装类型给特定的有网购服装习惯的特定用户。并且，这种带有特定标签信息的上下文信息，需要准确地推送相关的内容，即春天的时间段内推荐春装系列的商品，秋天的时间段内就不会推荐春装系列的商品。

位置要素作为环境上下文信息的重要性，也具有一定的启发意义。比如当用户授权平台的推荐服务使用位置相关信息时，当客户到达特定商业综合体用餐的时候，平台就只会推荐相关商业综合体内的餐厅服务，而不会推荐数公里之外的餐厅服务。

在情绪方面，推荐服务可以利用的场景，需要额外做一些说明。

由于在现有的技术之上，通过系统被动地收集用户在平台上的活动信息（比如鼠标的点击顺序和范围，浏览图片的方式和次序等数据）无法准确捕捉用户当前的浏览和消费情绪。因此，更合适的方式往往是平台通过主动的方式来获取相关信息。

即平台通过弹出的小型调查窗口或者交互式对话窗口等方式来主动问询和获知客户当前的情绪及背后的购买倾向，然后结合客户以往的历史购买记录和消费偏好来在用户后续的浏览消费体验过程中推荐合适的商品和服务，以提高推荐服务的准确性，如图3-22所示。

通过上面的举例，我们可以做一个大致的概括：

- 时间类因素可以概括为用户的消费成长周期、年份与季节性周期、经济周期和平台相关周期等几个方面。

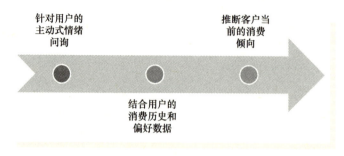

● 图 3-22　主动式问询支持下的用户消费情绪获取示意图

由于时间类因素在推荐服务的效果转换关键因素中占比很大，因此在这里逐一说明。

用户的消费成长周期代表了用户作为自然人的成长需求的变化和在社会中相应的消费理念发展中的相关信息，被平台所理解和使用的过程。

比如，当用户还是大学生时所喜好的服装类型以及推荐服务所推荐的服装类型，与用户进入职场所消费和喜好的服装商品品类，就会有很大的不同。如果忽视这方面的信息，推荐不合适的商品，就会使得推荐服务的推荐效果不佳，甚至引起客户的流失。

年份与季节性周期代表了客户在一年当中的不同时间段会购买不同类型的商品，以满足不同季节的需要。比如春装和冬装，以及夏天喜欢喝的饮料和秋天喜欢吃的水果等。这些信息都不是静态的客户和商品信息，而是需要根据当前所处的时间上下文信息来及时捕捉及反映在推荐服务内容之中。

经济周期作为时间性因素之一，是指客户之所以能够在平台推荐服务的商品中进行购买活动，是因为客户在大的经济循环中提供了自身的价值，获得经济报酬之后的消费行为。因为经济周期和市场景气程度对客户的购买行为，特别是对平台的整体销售表现会有影响。因此在经济周期下行期间，平台会更多地推荐打折商品或者热销团购商品，以稳定平台推荐服务相应的商业表现。

平台相关周期也是非常重要的时间性因素之一，即平台根据自身的发展计划、或者财务情况，或者与各个供应商的合作情况，推出平台设计下的特色推荐活动、平台相关的折扣日活动等，在这样的特定时间节点上，结合用户的历史经常性购买记录和消费偏好，做一些相关的推荐服务内容，也会收到较好的商业转化效果。

- 地理位置因素可以概括为用户活动的本地化和用户喜好的位置化。

用户活动的本地化表示特定的用户群体根据居住和工作区域的不同，倾向于在其住所和工作区域周围的范围活动，因此在基于地理位置方面的服务进行用户推荐的时候，就需要考虑用户与所在活动区域附近的服务场所的推荐。如果推荐的服务场所过远，其推荐服务的合理性与效果转换的程度就很可能大大降低了。

用户喜好的位置化代表了不同地域的用户群体在消费习惯和购物喜好上的不同之处。不论是从国家和地区的角度，还是从更细粒度的角度来看，在饮食、休闲方式上都会有较大的不同。比如不同省份的用户在使用同一个平台的推荐服务的时候，所应推荐的服务内容（比如饮食、娱乐内容等项目）都应有所区别。

通过上述的例子，相信大家可以看到，推荐服务不仅需要分析用户的长期行为（即用户过往的浏览和消费历史信息、一系列离线数据挖掘信息），同时也需要关注用户的短期行为，包括用户当前登录系统之后的在线行为。

设想，如果当用户上线之后，推荐的只是通过分析用户的离线数据而得出的商品，对于本次用户登录平台之后的在线数据毫无感知，那么推荐服务的转化效果肯定是不能让人满意的。

另外，用户上线后体现出的短期行为具有两个方面的特点：

- 用户消费习惯和消费方向的变化是难以预测的，需要在线分析的帮助。
- 用户当前的在线消费行为数据又是下一次在线消费行为的历史数据，可以作为参考。

当然，我们在业务理解上会区分用户短期行为和长期行为之间的权重，因为从商业消费领域来讲，用户的消费记录时间距离现在越长，其推荐和参考意义就越小，而用户的消费记录和购买特征收集的时间距离当前越短，对于当前在线推荐的数据分析的参考意义就越大。因此，对于短期行为和长期行为的分析，其在推荐服务架构中的重要性和权重配比相应地就会不同。

从一般意义上说，推荐服务是由离线推荐服务及相关的数据挖掘与在线推荐服务分析相互配合之下来提供其商业及技术价值的。这一点需要始终了解和明确。

▶▶ 3.3.4 推荐服务的冷启动

任何需要数据驱动的应用服务都存在冷启动的问题，商业化推荐服务也不例外。因为缺乏用户行为和喜好数据的推荐服务，在个性化推荐"从静止到运动起来"的预设目标上，存在了这方面的数据窘境。

同时，对于设想中新添加的商品及其相关数据信息，同样存在如何融入已经整理和规划好的商品数据集中，从而推荐给感兴趣客户的问题。

具体来说，推荐服务的冷启动包括了如下方面。

（1）用户数据冷启动

对于个性化推荐服务来说，其特别意义就是在于对特定用户的数据进行记录跟踪和与已有用户/物品数据进行关联。因此，在特定用户还没有在平台上进行任何操作，没有产生任何行为数据以前，就无法获知其兴趣爱好与决策偏好，当然也就无法对其进行针对性的个性化推荐。

当然，对于这类问题，我们也是有办法来适当解决。

解决这个问题的整体构想，来源于用户生命周期管理，即在周期的最初阶段，由于缺乏相关的用户数据，可以使用其他方法暂时提供通用化的推荐服务，然后通过用户操作数据的增多，对用户的了解更加细致和全面之后，再用个性化的推荐服务功能加以替代。

首先，我们可以使用非个性化推荐服务（Non-Personalized Recommendation）来填补这个时期的推荐空白。比如从几大品类中，向用户推荐平台的热销产品，或者最受好评的产品。通过对这些推荐产品的用户反应和评分数据来初步获知用户的相关喜好和决策趋向。

另一方面，可以通过用户在登录平台进行操作之前，通过问答点选的方式，提

第 3 章
商业化推荐服务解决方案

供若干分类内容标签让用户进行选择，通过标签化的选择方式，可以提前获知用户的大致兴趣爱好类型。当然这种选择往往是覆盖多个类型的，这样在后期的推荐中也会为推荐的更新和变化提供支持。

（2）物品数据冷启动

对于平台上已经存在的商品服务，由于其本身的数据已经与相关的商品类型数据进行了关联，因此物品数据的冷启动问题主要集中在如何让新的商品服务能够与对其感兴趣的用户进行关联。

从推荐服务的基本原理上讲，对于新添加的商品服务，通过提取适当的商品特征信息，再与已有的用户-物品喜好的关联关系数据相结合，就可以把这些新的商品服务推荐给喜欢类似商品的用户。其指导思想就在于任何新的商品（特别是从零售行业的业务角度出发）都是确定地归于某些特定商品品类之中的。

因此，对于特定的商品品类来说，一方面满足于特定的消费用途，另一方面又会体现用户的个性化要求，即从外观、造型、使用效果、耐久度、定价等多个方面的体现。由此我们就可以确信，对于任何新添加的商品服务，总可以找到合适的商品类型和数据关联方式，把这个新添加的商品服务推荐给感兴趣的用户。

从推荐服务商业化的过程来看，可以通过有效的途径来减轻这种问题在服务上线后的困扰。

比如，工程实践中，推荐服务在上线前可以通过内部客户的试用和数据收集、特别外部客户（选取的用于测试的外部客户群体）的应用集成和集中化试验等方式来初步构建用户的"原始分类"和相关性定义与关联。

同时，借助领域内业务专家知识和预定义的用户/商品信息数据体系来初步定义系统"从静止到启动"所需要的"最初推力"，如图 3-23 所示。

总之，在小范围内部客户和定向外部客户的用户数据驱动以及预定义业务专家知识的共同作用下，可以从工程化的角度在一定程度上解决推荐服务的冷启动问题。

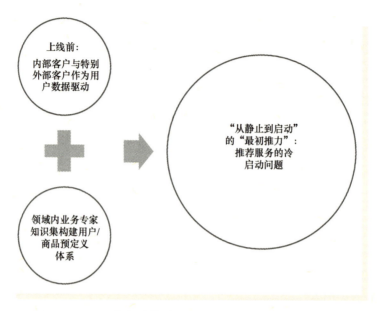

● 图 3-23　工程化解决推荐服务冷启动问题的可能途径示意图

3.4　小结

本章主要介绍了在整理和提炼各方面的需求项,并获得需求评审通过之后,构建和设计商业化推荐服务的解决方案的框架和方法。

在本章中,由于从需求到功能再到技术的主题跨越,我们结合工程实践,从业务解决方案和技术解决方案两个维度对解决方案的最终确定提供了多个方面的说明和描述。对于业务解决方案更贴近实际业务问题和业务流程的特点,在业务解决方案中着重说明基于电商平台,特别是零售商品/服务类型平台的推荐业务方案,从向客户交付服务的视角,分析和描述了包括主页推荐、类别推荐、商品详情页推荐在内的多种推荐的业务解决方案。

在此基础上,基于使用成熟技术来提供稳定可靠的服务交付的原则,对于不同的推荐服务内容介绍了不同的技术解决方案,包括依靠数据库的数据表和相关存储

第 3 章
商业化推荐服务解决方案

过程提供商品推荐信息、基于数据库和数据仓库提供更加丰富和高效的商品销售及推荐信息、凭借机器学习模型算法功能提供客户个性化推荐服务和消费偏好关联推荐、在这个过程中，希望传达和分享给读者朋友们的理念就是，不同复杂程度的业务场景和不同企业预算规模和团队成熟度的条件之下，可以使用不同规模和技术复杂度的解决方案来"量体裁衣"，以合理而又经济的方式实现和运营相关的商业化推荐服务。这样才能实现客户的业务需求和绩效目标，同时使得推荐服务以稳定踏实的脚步走好产品生命周期的每一步，最终实现其应有的商业化价值。

第 4 章

服务建模与商业化发布

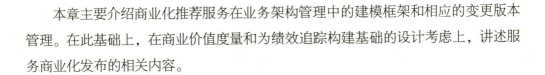

本章主要介绍商业化推荐服务在业务架构管理中的建模框架和相应的变更版本管理。在此基础上，在商业价值度量和为绩效追踪构建基础的设计考虑上，讲述服务商业化发布的相关内容。

4.1 使用版本控制的建模体系

上一章围绕解决方案的话题，作者对如何提供推荐服务的业务流程的相关问题做了分享。本章将深入讲解如何通过多种建模技术的结合来定义架构，并设计一整套 API 体系，进而与读者朋友们分享关于商业化套件 SDK 的相关内容。

业务流程定义清晰之后，通过多种技术组合来实现业务目标需要通过架构建模来推进技术上的实现，而架构建模需要用尽量通用的方式来定义和记录。对于发展中的团队来说，伴随着产品的不断迭代和更新，不仅要记录当前的产品架构定义，还要记录历史中的产品架构演变过程，同时在未来的产品视图变更中做好相应的记录。

这是因为商业化的产品架构需要在如下几个方面进行设计和实施展开（见图 4-1）。

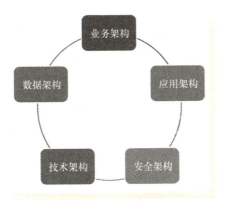

• 图 4-1 商业化产品服务的架构分层

- 业务架构：描述企业平台当前的业务构成和业务发展计划。
- 应用架构：描述企业现有应用系统结构和未来新应用的发展计划。
- 数据架构：描述维护企业主数据和运营相关数据的构成和应用规划。
- 技术架构：描述企业硬件、软件、云服务资源等用来支持应用架构的系统结构和相关计划。
- 安全架构：描述保证企业数据、应用和业务正常运行所需的规范和业务规则的计划和结构。

使用UML(Unified Modeling Language)工具进行架构建模是不断成熟的产品团队经历过若干产品孵化、跨部门联合创新之后的选择。

软件服务的设计开发团队内部由于多方面的原因，都有一种倾向，即"代码即注释"，这种理念的流行源于开发工程师内部之间的"通用语言"（即程序代码），因此，彼此之间沟通设计想法的媒介自然就是通过代码进行，这是一件很自然的事情。换一种说法就是，代码即为本领域的"专业语言"。

从软件服务的设计开发团队外部来观察，我们会意识到，从产品的市场分析、竞品分析到可行性报告，再到系统需求分析、跨部门联合开发和产品上线管理过程中查看各个阶段的利益相关人（Stakeholder），每个部门和团队由于服务的专业领域有所不同，使用的"领域术语"也不同。

因此，从每个部门团队的领导者和"跨界人物"视角来看（我们将需要把本团队工作内容与跨部门跨团队合作伙伴进行沟通的人员称为团队的"跨界人物"，领导者往往扮演了这样的角色），营造一种"领域驱动"的多专业术语表达的团队设计文化，可以为团队整体价值的扩大化起到巨大的影响。

因此，整个团队或者部门从整体上看，就具有如下的架构设计共识和理念。

- 与业务部门沟通交流业务时，需要使用和维护UML建模图示和领域相关注释。
- 部门/团队内部持续使用UML建模工具构建、保存产品设计变更历史的重要信息。

第 4 章
服务建模与商业化发布

- 核心开发人员在开发周期内可以只使用代码进行交流，辅助以注释。
- 面向客户的文档设计成员通过流程定义和建模图表规划产品使用路线。

作者一直不认为需要整齐划一地要求产品团队的所有成员都使用 UML 建模方式来推进自己的工作。更加灵活的值得推荐的方式就应该"像我们去旅游时那样"：在国内和本国人聊天时就用自己的语言，到国外和外国人谈话时就使用其他语言。一切都根据情况的需要来安排，究其根本是为了让产品被更好地理解、更好地推广，有持续的投资和收益。

下面看一看各种类型的 UML 图表。

由于任何的产品架构都是通过结构和行为来全面展示其各个部分的。UML 图表也就自然通过结构型 UML 图表和行为型 UML 图表来划分。这种划分也有另一种好处，那就是 UML 图表作为工具，当需要向团队内或跨团队成员描述产品的结构特征时，就会在结构型 UML 图表中选择合适的样式来说明，同理，对于产品的内部行为特征，会选择行为型 UML 图表来表达。毕竟，我们使用这些图形化工具的目的就是：让别人理解我们想要表达的意思，如图 4-2 和图 4-3 所示。

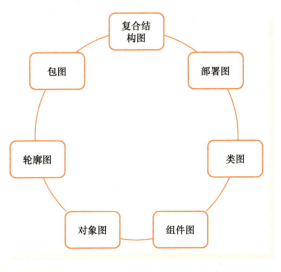

- 图 4-2　结构型 UML 图表

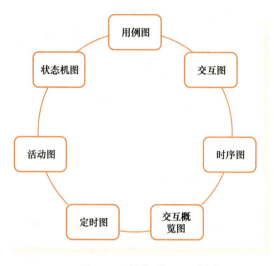

● 图 4-3　行为型 UML 图表

因为市场上已经由很多介绍 UML 的书籍，因此本书在这个方面不做详细介绍，本书主要为读者朋友们提供一些使用不同 UML 进行架构建模和设计沟通的使用场景，供大家参考。

类图（Class Diagram）展示面向对象解决方案中的类的定义，任何具有属性、操作的实体都可以定义为类。由于类定义的灵活性，是否定义实体为类，则主要由业务上下文的需要来决定，如图 4-4 所示。

对象图（Object Diagram）表示系统在特定运行时的相关对象实例之间的关系。如果说类图是对系统内各个实体类或概念类之间的关系，那么对象图就是对于运行时系统在特定时刻各个动态实例之间关系的描述，如图 4-5 所示。

组件图（Component Diagram）表示从系统架构层面，通过功能分解，把系统进行若干分解，表示出各个组成部分之间的关系。组件图经常用来表示复杂系统中各个功能单元之间的相互关系，各个组件之间通过接口进行交互通信，如图 4-6 所示。

包图（Package Diagram）描述系统中不同包（Packages）之间的依赖关系。使用包图和使用组件图的区别在于观察系统的深度不同，描述包图往往是若干个组件或者若干个包作为独立的单位，分析彼此之间的交互关系。

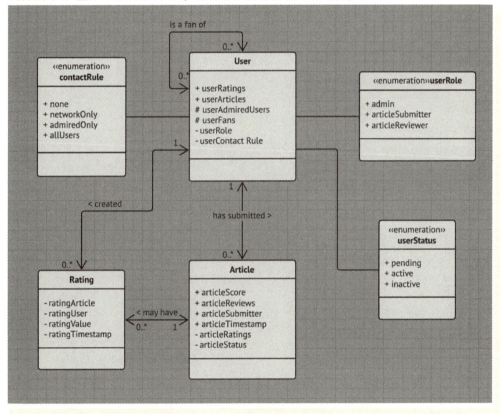

● 图 4-4　类图示例

轮廓图（Profile Diagram）用来对 UML 进行定制和扩展，定义一些特定的标签之后对现有 UML 进行语义上的扩展。一般情况下不常用。

部署图（Deployment）描述系统中的硬件资源分布以及不同硬件中部署的软件实例之间的关系。当在不同的硬件环境中运行相关的软件服务时，需要使用部署图来展示不同硬件实例上的软件服务的部署情况，如图 4-7 所示。

复合结构图（Composite Structure Diagram）用来描述类的内部结构。往往使用于具有复杂结构的大型类，其中往往有多种属性和操作。

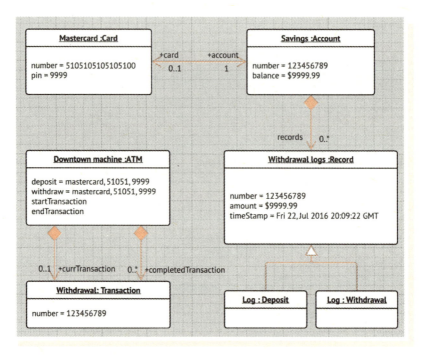

- 图 4-5　对象图示例

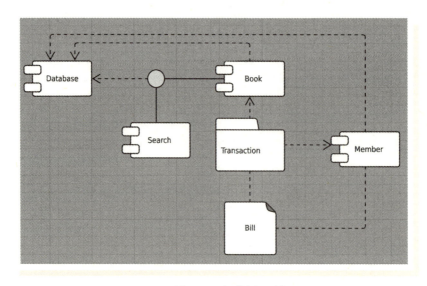

- 图 4-6　组件图示例

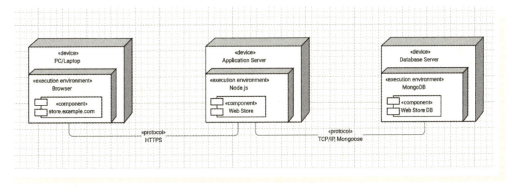

- 图 4-7 部署图示例

用例图（Use Case Diagram）用来表述系统内不同角色之间的不同功能，以及这些功能之间是以何种方式行动的。这里需要强调的是，用例图中的不同角色之间通过命名和功能的差异性来表现系统不同角色之间的互动，如图 4-8 所示。

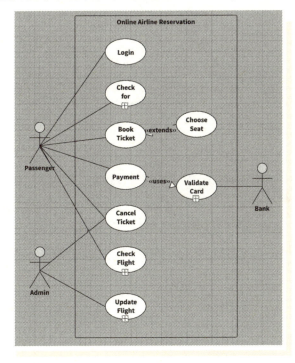

- 图 4-8 用例图示例

活动图（Activity Diagram）通过图形化的方式描述工作流。可以使用活动图来描述商业业务流程，也可以用来描述系统中的操作流程，如图4-9所示。

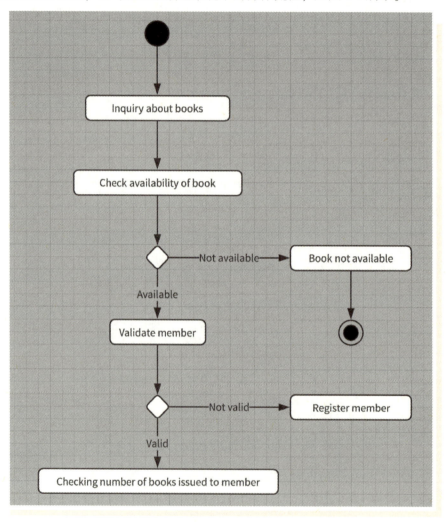

- 图4-9　活动图示例

状态机图（State Machine Diagram）与活动图类似，也用来表示流程。区别在于，状态机图更加细致地描述了不同时间不同上下文环境中，描述对象状态之间的转换。对于复杂状态对象，使用状态机图可以很好地厘清对象状态的变化序列。

时序图（Sequence Diagram）表示不同对象之间的交互顺序，以及交互触发的条件。需要注意的是，不同对象之间会根据不同的条件触发不同的交互动作，因此一张时序图仅描述了一种特定触发条件下的时序交互行为，如图 4-10 所示。

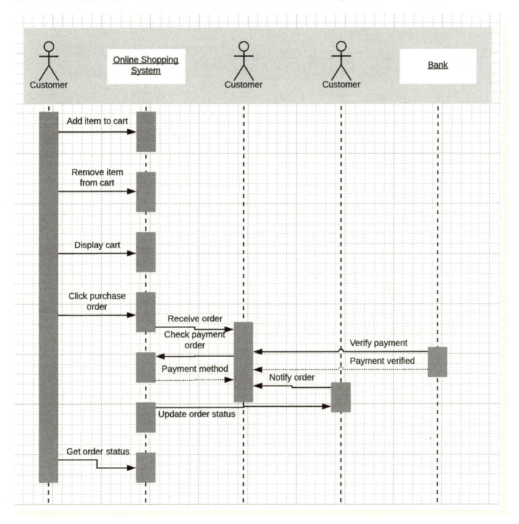

● 图 4-10　时序图示例

交互图（Communication Diagram）在 UML1.0 中称为协作图（Collaboration Diagram），与时序图（Sequence Diagram）类似，它用来表示不同对象之间的时序交互

关系，当然更着重于对象之间的消息（Message）传递。

交互概览图（Interaction Overview Diagram）与活动图（Activity Diagram）相比，展示了交互图的序列而活动图展示了过程的序列。

定时图（Timing Diagram）与时序图类似，描述了在特定时间窗口内、特定对象的行为。

在对各类 UML 图进行简单说明之后，我们来总结一下结构型 UML 图表和行为型 UML 图表之间的关系。掌握了这种相互之间的关系，我们在跨部门、跨团队或者团队内部的协作设计开发中才能游刃有余地使用不同的图表来表达自己的设计想法。

UML 图表的说明确实比较枯燥，我们列举几个简单的场景，你就会发现灵活运用不同的 UML 图表来表达产品的设计架构和相关行为过程是非常有效的。

情景一：当产品团队需要与客户沟通业务时，产品团队希望确认多次会议访谈以及问卷调查之后是否对业务场景和相关方有了正确的了解，这时他们需要展示出若干张用例图。

情景二：产品团队向公司的技术高层（CTO/CIO）描述运行开发的机器学习服务的云服务环境时，需要使用部署图，通过部署图来展示相关项目所使用的成本核算下的云服务硬件资源和在每一个云服务基础设施实例上的机器学习应用程序软件的部署情况。

情景三：产品团队与客户业务团队进行流程对接时，针对特定的复杂流程，需要使用时序图，特别是在异步消息处理系统中，需要使用交互图来确认对业务的理解。

通过此类场景我们看到，沟通和推进产品进展时，需要综合使用多种 UML 结构图表来描述系统的各个方面，从宏观的结构、职责角色的划分、部署资源的概览，到商业化软件包的封装和分发，再到与相关业务部门的流程确认以及团队内部系统实现的类定义与对象交互，都需要使用上述的图形化方式进行有效合作。同时，随着系统设计和业务反馈的深入，根据不同的情况也需要 UML 图表作为表达方式的不断创新。

第 4 章
服务建模与商业化发布

从商业化软件服务的设计角度，作为相关需求内容和技术实现要求的载体，我们需要从多个角度对 UML 图表所代表的建模进行较为全面的理解。

特别是对希望成为技术经验丰富、业务领域理解深刻的软件服务架构师来说，更需要从用户多方面的需求考虑出发，综合收集和构建相关的建模信息体系。具体来说，分为以下主题。这些主题虽然贯穿了多个不同的关注角度，但是作者希望读者朋友们能够把它们牢牢记在心里，在分析和解决不同层次的产品设计与实现方案的不同场景下，能够对这些主题进行综合考虑，尽可能在有限的资源配置下，把它们适度地考虑到代码实现和实施方案之中：

- 客户的使用/交互接口（不论是可视化还是面向编程的接口）。
- 功能性主题术语（在沟通和设计实现中保持统一性）。
- 功能实现下的性能（基于指标和基准数据）。
- 数据划分与使用标准（数据管理和视图的关联性）。
- 业务可靠性保证（业务失败的恢复和事后处理）。
- 服务质量保证（当前质量考核标准和质量推进计划）。
- 服务可控界限（上述主题的界限和相应量化指标定义）。

以上各项内容，从系统架构的角度，会体现在不同的系统层次。而这些主题会在各个不同的建模图表和相关的文档注释和标注列表中体现。

我们从上面的主题中选择其中的一部分来进行适当的说明。

具体来说，对于客户的使用/交互接口，我们认为不仅仅需要强调可视化 GUI 操作接口的可操作性，从参数设计、后端功能划分和调用的方式上来说，商业化服务的前端在调用后端接口的过程中，也存在歧义性消除、参数列表设计易用性标准等各方面对于接口设计的要求。

功能性主题术语需要在产品技术部门或者团队中，推荐维护一个专门的术语数据库，通过 UML 建模图表中各个元素之间的关联和映射，力图在不同设计成员之间规范相关功能性术语的使用一致性，并且能够建立自动化地术语引用检查方法，使得沟通和设计中的指向性一致能够得到保证。

性能方面的主题，是一个很深的话题，因为性能不仅仅取决于技术上的实现力度和客户不断提高的要求。性能开发并不是一个单向线性的过程。在 UML 建模图表中，当然还要包括我们后面要讲到的图表版本管理（Diagram Version Management），性能作为弹性可变的因素，需要依据商业化服务的运行环境、客户变换的成本要求、软件组件集成复杂度变化等方面的调整来产生相关的变化。

另一方面，读者朋友们对性能的理解，或者为不断提高的系统运行数据指标，或者为通过不断优化的系统设计实现来看待这个话题。

实际上，性能作为系统输出的统计体现，直接与不同的系统架构设计内容和资源部署实施过程相关。在尺度可以控制的性能数据统计范围内，不同的性能数据记录往往需要与不同版本的系统设计架构图、相关业务流程图和资源部署结构图相对应。因此，性能的主题是与不同版本的统计数据、不同版本的系统架构和业务交互方式所对应的图表相关联的，如图 4-11 所示。

● 图 4-11　多版本性能数据与系统架构、业务交互过程、资源部署方式对应图

由于软件服务对应的业务场景和客户需求的丰富多样性，在实际的工程实践中，对于与跨部门、跨团队或者团队内部进行系统和技术沟通的相关图表也有不同的实现方式。这里就不多做展开了。

需要与读者朋友们分享的是对于沟通与设计过程中的图表版本管理（Diagram Version Management）。这里引入这个话题是因为在实际的企业沟通和设计中，牵涉

第 4 章
服务建模与商业化发布

的需求方和相关决策者越多,业务场景和引起需求和业务变更的条件越多,则有效沟通业务和流程的描述载体(文字、图表)的沟通成本和复杂度就越高。

> 图表版本管理系统在业务复杂度和变更频度逐渐提高的情况下,前期的投入和过程中的维护与改进,对部门或团队的整体收益提升显著(见图 4-12)。

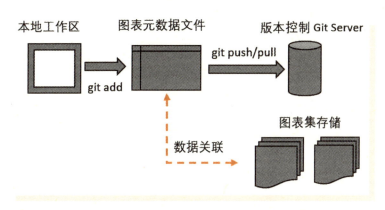

● 图 4-12 沟通与设计用图表集的版本控制管理

因此,借鉴以往的工程实践经验,虽然在初期建立图表版本管理系统会有一些花费时间和精力,同时在使用期间也需要专门的人力来进行维护和更新,但是多版本的管理(包括版本的演进和回退)对于快速定位业务场景、准确记录和回溯需求沟通场景、对比多种需求和业务变体的选择和决策来说,具有更大的收益和管理优势。

如图 4-12 所示,对于每一张沟通与设计中使用的 UML 图表,我们会根据事先定义的图表元数据文件来填入相应的信息,比如图表名称、图表制作人、图表审阅人、图表创建日期、图表修改日期、图表描述内容、图表变更内容、图表变更原因等属性值。这里可以根据部门和团队需要来自己设计相应的图表元数据表格定义。

这个图表元数据表就是我们需要在版本控制 Git Server 中追踪和管理的数据文件。我们把这样的元数据文件与实际的图表集存储进行管理,建立了记录每一次变更的对应关系的元数据表格,就可以记录和追踪系统设计及沟通过程中所产生的需求和设计变更等方面的信息,从而为可能的版本快速演进、业务需求内容的回溯变更和版本回滚等业务情景提供可靠的保证。

4.2 商业化 API 与定价

API 作为软件服务的客户服务"界面布局",深刻地影响着客户使用相关服务的方式,以及由此引出的系统使用和相关集成的有效性和可靠性。正因为存在上述的业务关联,使得在推荐服务的商业化推进中,合理的 API 设计布局以及合理的、有说服力的 API 定价策略就是我们需要重点关注的内容。

▶▶ 4.2.1 选择:设计优先还是 API 优先

本节和读者朋友一起探讨软件服务的 API 设计。究竟是"设计优先(Design First)"还是"API 优先(API First)",这个业界一直争论的话题背后所体现的设计考虑也一直影响着 API 的设计流程和效果。从设计优先的角度,产品的决策者和设计者会对产品的多个相关方面综合考虑,把设计学中的诸多要素融入设计的第一步,力求从方向正确的原型出发,一步一步演化出产品,每一个阶段都追求设计上的实用与技巧的结合。往往在使用者和评鉴者的眼中,这些都是值得称赞的作品,如图 4-13 所示。

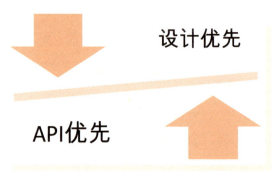

• 图 4-13 "设计优先"与"API 优先"

第 4 章
服务建模与商业化发布

另一方面，从客户使用的角度来看，参与设计的客户合作者非常清楚产品是如何一步一步被设计出来的，所以他们对于产品决策者和设计者的心思也会非常明白。但是，在商业软件服务领域中，使用相关服务的人员往往是不了解产品设计过程的精巧构思和凝聚的心力的。他们只关心如下的关键问题。

- 提供的软件服务是否可以与现有系统很快集成？
- 相关的使用文档和商业用例是否详细和易于操作？
- 用户接口使用方式是否直观简明？
- 既然软件缺陷不可避免，发现的问题是否能很快解决？

由于上述的顾虑，在产品所有者向相关用户做路演营销的时候，他们精心准备的 PPT 或者产品架构说明，往往并不能获得客户的浓厚兴趣和采购意愿。经过向前辈请教或者是与客户深入耐心沟通之后，产品所有者才会了解到，产品的巧妙构思和丰富特性等方面虽然重要，但并不是客户最关心的问题。产品所有者的设计方向需要从一开始就有所调整。

从另一个层面也可以说明这个有趣的现象，那就是特殊定制化的软件服务。就和特殊定制的房屋改建或者装修一样，不管设计者向客户讲述设计过程是如何曲折、设计中体现的思想和架构设计是如何巧妙优雅，客户都会觉得花费不菲的价钱是物超所值的。然而，对于面向大规模商业化的标准服务设计，众多的客户与产品所有者"直接沟通和体会"的过程消失了，取而代之的是标准化的需求样式和标准化的交付方式。

在这个商业环境中的"标准化"原则下，"API 优先"就成了可以应对客户需求的方式。对于不得不放弃"设计优先"的产品设计者来说，可以发挥他们分析与整合能力的领域，就首先放在了"API"里面。

API（Application Programming Interface）程序编程接口，可以被理解为与平台、程序库交互的接口。这些年以来，它也一直被很多使用者这样理解着。让我们回退到图形界面操作的背景之下，比如 Windows 的操作界面。不论我们是选择编辑文件，还是单击浏览器按钮，或是进入系统设置页面修改配置信息，其实都是在与系统进行交互。

这一系列的过程,是用形象化的方式与软件系统进行交互。在"API 优先"的设计理念之下,"API"应该也被看作一系列与系统交互的"窗口",只是这些窗口是抽象的,是在图形环境中看不到的。但是在设计 API 时,作为设计者,首先应该考虑的就是如何让一系列的 API 像图形化 GUI 界面中的操作元素那样,可以有序地被客户使用,有一种"虽然没有图形化界面,但是仍然可以很方便地使用"的操作感觉。

实现这样的体验需要改变以往的设计思路。可能以前我们把 API 称为"API 包装",这是因为从程序设计角度,我们首先实现了各个程序库的功能,然后将丰富多样的程序库各自封装为可以被访问的 API,这是从"功能"到"API"的设计方向。

有意思的是,从客户使用图形化 GUI 环境的操作便捷性和相关体验中,我们了解到,客户经过简单的培训就可以完成相关的 GUI 操作的想法,可以借鉴到"API 优先"的 API 设计理念中,如图 4-14 所示。以下的几个要点可以供读者朋友们参考。

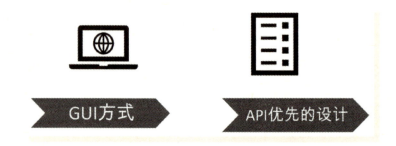

● 图 4-14　以 GUI 的方式思考 API 设计

- API 文档的树型结构的第一级名词术语都是围绕客户特定领域的(Domain-Specific)。
- API 文档的资源操作定义默认不按照字母排序,遵从客户流程定义排序。
- API 使用用例在不同 API 之间设定一定的双向索引链接。

- API 文档中的每个 API 条目下都设计了若干相关 API 条目的链接。

业界的朋友也许有时会从客户反馈中体会到，客户抱怨的使用问题，往往并不是由于软件服务本身的缺陷或者其他严重的问题造成的，而是由客户使用 API 文档的方式不正确所引起的。客户觉得软件服务并不好用、文档并不好学，而产品设计者又觉得客户并不了解产品的好处，这种尴尬的场面时不时出现。这往往会被定义为沟通不畅，其实作为沟通的媒介，API 的设计和相关的文档实施（文档的培训也可以成为一种线上的实施）其实扮演了很重要的角色，它从"API 优先"的设计最初阶段就已经开始了对系统各方面的影响。

相信大家已经发现，这里有"明暗"两条线各自扮演着自己的角色："明线"就是我们设计的 API 系统，各个 API 经过精心的设计、实现和测试，期待在产品服务中贡献自己的能力；"暗线"就是编排组织这些 API，向客户展示"如何使用"的文档培训过程。我们很重视"明线"，而"暗线"却在客户使用 API 之前就已经与客户接触了，客户对软件服务的"第一印象"往往由"暗线"决定。

看到这里，我们可以尝试着给出一般性的 API 设计指导原则，兼顾"明暗"线的要求，供读者朋友们参考。

- API 的名词术语尽量使用客户领域的术语。
- API 的命名应简洁且利于理解。
- API 定义应分界明晰，不会产生误用的情况。
- API 应完整覆盖承诺的功能，输出与文档说明相符合。
- API 设计应符合客户资源使用的生命周期和相关流程。

4.2.2 机器学习服务 API 设计

遵循着"API 优先"的设计思路，让我们进一步理解如何让这一想法在实践机器学习服务的业务场景下进行 API 的设计。

回答这个问题之前，首先需要了解我们所处的服务环境。请大家在这里注意，服务环境并不是一个很抽象的、难以让人捉摸的概念，它其实包括了以下几个具体的方面。

- 机器学习服务 API 的用户是谁？
- 机器学习服务 API 需要提供的控制粒度是什么？
- 机器学习服务 API 是否需要考虑未来基于框架流程的集成？

让我们首先考虑第一个问题，机器学习服务 API 的用户是谁？其实作为产品设计者，在产品需求沟通会上应该可以获得这个问题的答案。设想最终用户如果是其他行业的业务使用者，他们对于机器学习的理解，应该是基于"拖动数据表格载入系统""点击选择系统推荐的几种算法""运行机器学习算法，查看模型生成结果和评价报告"之类的印象；设想最终用户如果是客户企业的软件开发人员或者自己公司跨部门的 IT 从业人员，那么他们对于机器学习过程的理解和操作需求，就会更加细化和具体。这种差异就需要在第一个问题中得到启发和回答。

带着最终用户是谁的答案来审视第二个问题，就会明白它们之间的关联性。机器学习服务 API 的控制粒度，决定着最终用户在工作台上使用 API 时，究竟可以通过 API 对面向机器学习的应用程序做多大程度的精细控制。例如，是否可以深入模型选择的过程，是否可以导入对算法超参数的优化过程，是否可以对不充分的数据集合进行交叉验证模型的过程。类似这样的需求，其实是背后用户的专业背景、业务领域和相关技能的体现。

第三个问题的考虑来自于累积的产品商业化经验所得，即当 API 设计者把这个问题的答案融入了 API 设计之后，就可以避免未来的很多麻烦，并且可以提升在跨团队合作中的专业性和话语权。还是让我们来举个例子说明一下。

我们设计实现了机器学习服务的各项基本功能（比如从数据采集清洗，到数据切割，再到模型选择、模型训练、模型验证和结果评价），但是跨部门团队的使用者希望我们能够提供一些概述性的算法运行结果报告（不论是 Json 格式还是 Excel 格式），同时能够提供一些监控算法运行性能，稳定性的参数访问接口供他们使用。这些往往和运行算法流程的"流程"有关，有时我们称之为 DeOops，或者 AIOps 的工作。要知道并不是每个公司都会提供单独的团队去负责这些事情，如果我们意识到必须自己去做这些事情时，就应该立即抽调人手去做，因为它将决定我们与其他部门、与用户之间交付机器学习服务的快慢和效率。

另外，作为 API 的设计者，我们还需要预留一些"空 API"，因为虽然现在也许没有任何整合的迹象，但是产品上层的决策者那里，也许不知道什么时候，我们就会被告知需要向面向框架流程集成的 SDK 提供端到端的 API 接口。也许我们会以为这些是额外的工作，但是跳脱出我们的技术视角就会发现，也许公司从商业化的层面觉得整合客户业务流程的时机已经到来，需要向客户提供基于端到端的解决方案，而那时基于 SDK 的流程技术方案就会需要相应的机器学习服务 API 来填充相应的功能角色。在表 4-1 中我们做了一个简单的展示，之后再给大家列举一个具体的机器学习 API 的例子。当然，业界也有很多设计优良的 API 列表供大家在设计中参考和学习。

表 4-1　机器学习 API 设计需要考虑的若干问题和参考性回答

机器学习 API 设计需要考虑的问题	参考性回答
机器学习服务 API 的用户是谁？	非软件领域用户／机器学习应用开发者
机器学习服务 API 需要提供的控制粒度是什么？	简单模型应用流程／模型和参数精细调控
机器学习服务 API 是否需要考虑面向框架流程的集成？	模型表现的 KPI 数据报告／面向 SDK 框架的接口

下面为大家展示一个具体的机器学习服务 API 的体系实例，我们将会从概念性的说明到具体的操作逐一进行分享。体会机器学习服务在企业众多应用的复杂环境中，所应该扮演的角色。我们依次从平台到功能再到具体模型控制的顺序展开讨论。

（1）机器学习平台层面设计

机器学习服务在企业应用中，并不是用户实践业务流程的终点，它需要被其他的相关服务调用，需要被其他应用所集成。了解了这一点，就是了解了服务本身所处的环境，对于定义好平台层面的概念及其之间的关系就大有帮助了，如图 4-15 所示。

● 图 4-15 机器学习 API 平台层面设计

从图 4-15 我们可以看到,机器学习主要就是从收集的数据出发,根据数据特征的各项统计结果,结合不同的业务使用场景来选择不同类型的模型算法进行训练。当然,在模型训练之前,根据模型的特点和系统运行的需求做若干的运行前配置,之后训练得出的模型,再使用另一部分数据进行结果验证和比对工作,最后使用评价模型把结果呈现给用户做后续的工作。

(2)机器学习功能层面设计

基于功能层面的 KPI 设计需要对平台层面的几个主题进行分解,分解的角度是这个主题之下可以提供的功能都有哪些,如图 4-16 所示。

● 图 4-16 机器学习 API 功能层面设计

(3)机器学习控制层面设计

控制层面的 KPI 设计与前两个层面 KPI 设计的分解角度有所不同。第一个层面主要针对机器学习服务做出的上下文相关对象去定义,第二个层面着力于各个主题内部的功能确定和划分,而第三个层面的 KPI 设计主要面向服务运行时可能遇到的各种情况做好全面的准备和布局。比如，针对具体模型选择之后的参数类型定义、参数格式规定以及具体模型的函数调用方式等进行细致的设计和规范。限于篇幅，这里就不做具体的展示了。请读者朋友们在具体的设计工作中，结合实际的业务使用场景进行相应的实践操作。

4.2.3 商业化 API 定价策略

设计精良的 API 体系，就像是一个内部结构先进高效的系统有了一个"漂亮的门面"。但是为了商业化产品的效益转化，还需要谈一谈 API 定价这个话题。

IT 行业的很多从业者具有很高的设计经验和实现技巧，但面对商业领域的投资者、合作伙伴时，在 API 定价这个环节往往缺乏经验或者说缺乏成功实施的指导案例，更进一步说，他们需要更多的了解竞争对手的定价策略和背后的产品发展战略。许多程序员朋友在沟通交流的过程中，许多程序员会觉得软件服务营销和定价策略等问题与他们距离遥远，所以并不重视。

这里我们先从个人谈起。对于软件服务行业的个人来说，也许你也不会预料到在不远的将来，你可能会加入初创团队的管理层，然后开始考虑 API 定价的问题。或者，非 IT 行业的集团公司聘请你组建软件服务部门，也需要你拿起软件服务营销和定价策略之类的资料，开始埋头补课。不论何种情况，我们都鼓励尽可能多的 IT 从业人员了解自己经手的资源的定价策略和市场定位。毕竟，了解自己所从事的工作内容的商业价值，对于未来可能面对的事业谈判、商业谈判都是有所助益的。

另一方面，从现有的软件服务团队或者部门来讲，一线工程师对定价策略有所了解也很有帮助。在这里我们举一个平时可能不太引起注意的例子。当然，为了讲述的方便，我们对情景做了一定的简化。

假设 A 和 B 公司各有一套机器学习 API，它们都是面向市场的商业化产品，服务于不同的客户（假设都横跨了大中型客户群体）。如果 B 公司的 API 团队成员对本公司的产品和 A 公司的产品定价方案都有比较深入的了解。那么，我们可以期待 B 公司的软件服务团队决策者把竞品分析的测试方案纳入日常测试范畴中，然后结合定价方案的比对，从一线的设计开发中逐一比对分析 API 的各项表现，并且及时记录各项测试数据和基准数据。

这样做的好处显而易见。从团队自身出发，可以更加清楚自己的定价是否合理、是否有竞争力。另一方面，从更高层进行阶段性成果回顾时，也可以拿出平时积累的 API 运行数据和竞争对手数据的比对报告，向上层表达类似于"我们对现金流的贡献可以更大""这部分的 API 表现不佳，我们可以追平甚至超越对方"等结论。最终，高层会意识到这样的软件服务团队真正了解了产品和市场，真正融入了公司的发展战略和财务规划中，那么团队的作用和定位就会进一步提升，收益就会更大。

谈到这里，就让我们来介绍以下 API 定价的方法和技巧。

首先，我们需要了解 API 在以下三个方面被调用和集成（见表 4-2）。

表 4-2　API 的调用和集成

数 据 使 用	使用跨部门或者第三方的数据仓库中的数据，需要授权访问
开发者调用	个人或者企业用户使用 API 进行应用程序开发
产品集成或定制	使用 API 与第三方应用集成，或者开发定制版应用

基于不同的调用场景和集成方式，API 的定价方法由三个部分组成，如图 4-17 所示。

● 图 4-17　最终定价策略的构成示意图

基本定价模式包括了如下三种方式。

- 用多少付多少（Pay As You Go）。
- 固定费率（Fixed Quotas）。

- 固定+溢出费率（Overage Quotas）。

用多少付多少就是 API Billing 计费系统记录每一次 API 调用，然后在双方约定的财务结算周期末尾做相应的次数乘以单次调用费用的总费用结算。比如 0.1 元/单次 API 调用。

固定费率就是 API Billing 计费系统按照月份、季度或者年份乘以固定费率得出总费用的数目。比如使用 API 系统年费 5000 元。

固定+溢出费率就是综合费率计算的方式，即规定单月调用次数上限，超出上限按照单次 API 调用费率计费。比如规定 300 次/月 API 调用，超出 300 次/月的 API 调用，执行 0.1 元/次的计费方法。

定价模式变体就是在基本定价模式的基础上，借鉴其他类型产品的定价经验，结合市场、竞争对手和产品特性所做出的定价变化，有如下几种变体。

- 基于不同区域、不同行业的不同价格（使用量和使用频度的不同）。
- 基于不同调用数量区段的不同价格（鼓励更多数量的调用而按照区段降低单价）。
- 基于新客户的一定量的免费 API 调用数量提供。

市场时机变量的设定需要和市场、营销部门共同商议沟通来确定，因为它需要及时更新的市场信息和竞争产品分析报告来确定，比如多大范围用户的免费 API 使用量，新推出的 API 服务的阶段性低价格营销等方法。

4.3 使用 SDK 向客户的端到端交付

随着客户的核心业务以及相关的业务场景与商业化软件服务的深入应用和集成的进展，客户在传递其自身商业服务价值的过程中，会对所交付和运营的商业化服务提出更高的应用要求。端到端的商业化交付形式就成了客户的自然选择。本节将向读者朋友们介绍端到端的商业化交付形式 SDK（Software Development Kit）套件的相关内容。

4.3.1 SDK 架构设计

在本书中谈及 SDK 的话题，是因为目前机器学习（包括推荐服务）的快速应用和发展。更深层的原因是云计算和云平台服务的广泛应用和深入集成，使得更多的企业体验到了随处可用的云服务的便利和由此带来的产品更加快速地进入市场，或者占据市场份额进而获取利润，或者快速试错转而执行产品退市方案。针对上述应用领域的变化，作为曾经"高大上"的机器学习，从使用 API 进行智能程序集成的初创公司试水并随后听取市场反应，演变成更广泛的非软件行业的其他领域集团公司尝试成立 IT 软件部门或者子公司进行本领域的智能应用创新，力图改变供应链和运营现状，寻找更多的市场先机。

在这个行业背景之下，机器学习领域中 SDK 的重要性就渐渐凸显。更多的行业客户对 SDK 的需求和相关咨询也就多了起来，当然在客户的沟通话语中，出现的并不是 SDK 这样的技术术语，而是类似"能不能通过你们的平台和工具把我们的流程串接起来，走通并看到各项结果？""有没有什么最佳实践之类的流程把你们提供的 API 和我们现有的 API 更好地集成起来？"这样的诉求。对这些诉求的梳理和整合，就是在 API 体系站稳脚跟之后，需要考虑 SDK 的原因。

读者朋友们应该了解 SDK 就是为了简单清晰、直达目标而构建出来的。不管是通用的平台型 SDK，还是基于特定业务流程的二次开发 SDK，都是需要为客户提供"很快学习，跟着导航去做，每一步都有流程指引，有样例代码参考，文档清晰简单"的平台而设计和开发的。

对于面向 SDK 的设计及其背后的解决方案带来的好处，通过不同 API 产品和框架流程的整合的经验来看，可以做如下的参考性归纳。

- 高效率的开发：客户不再需要从头搭建整个业务流程，流程由 SDK 来控制和管理，客户只需要往里面"填入"业务相关的代码即可。
- 更快节奏的产品集成：客户使用 SDK 之后，只需要使用提供的有限集成接口，就可以把现有的业务流程和 SDK 中提供的功能整合起来，为企业应用赋予新的能力。

- 更快速度的客户接触：软件服务团队从 API 到 SDK 把用户从非常专业的群体扩展到了非专业的业务领域客户，提升了软件服务使用的细分市场。

对于以上三个方面，让人更感到切实体验的就是，当阅读了产品体验和售后服务团队的产品服务报告之后，你知道了除了其他部门或者市场上的专业软件开发者使用了你的机器学习服务 API 之外，还有很多非专业软件人员使用你开发的机器学习 SDK 产品来完成自己的工作。这是一件很有成就感的事情，更重要的是你的产品获得了更多的市场占有率，同时你会得到更多客户反馈报告来改进你的产品。

对于如何设计高效可用的 SDK 的问题，这里我们不妨总览 SDK 的设计准则：

- 对于开发者非常容易使用（有业务预定，也有清晰配置选项）。
- 文档与 SDK 的流程导引明确对应（有业务步骤就有文档）。
- 提供的功能可以直接被第三方应用集成（有丰富并且兼容的接口体系）。
- SDK 的流程导引可以自定义调整（适合平台的二次开发）。

SDK 的设计准则反映了业界对 SDK 设计实践经验的总结，其中需要引起大家足够重视的是，SDK 并不是独立于 API 设计而需要从头设计和实现的系统，它是基于 API 体系设计和实现的。可以这样来理解 SDK 系统，它相对于 API 提供的各种功能，更着重于面向客户提供端到端的解决方案，更关注流程（Workflow）和框架（Framework）。

如果读者朋友对上述表述还不是很清楚，还不理解其设计含义，我们可以设想这样两个场景（见图 4-18）来进一步说明。

为了向读者朋友们介绍一些 SDK 设计的经验和心得，我们简要介绍一下 SDK 中的基本构成组件。从 SDK 的设计角度出发，这些构建要素会贯穿整个设计开发和测试流程中，把握这些基本的设计方向，再结合及时更新的客户需求和反馈报告，相信设计出的 SDK 产品会有较好的表现。SDK 的基本结构如图 4-19 所示。

通过图 4-19 的展示，让我们从机器学习 SDK 的角度来说明一下。从最终使用者的角度，最右边的流程框架控制层（Workflow & Framework Layer）负责控制面向用户的整个流程框架的定义和导引。它将捕捉和记录用户的选择结果，并导入设定好的流程模板和相关的标准化代码,同时为了流程的进行和导引,它会引用和动态加载左边的客户业务任务层、SDK 组件库层和资源管理层中的程序库,共同构成流程二次开发中的上下文环境。

使用SDK的客户期望的样子

场景 1

- 客户安装了 SDK,打开SDK的文档,找到符合自己业务流程的模板。
- 客户按照 SDK提示加载选择的模板,开始按照导引开发。
- 客户编写定制代码的过程中遇到困难,查找文档找到参考代码。
- 客户完成 SDK流程开发。
- 客户根据 SDK文档完成自定义流程步骤开发。

使用API的客户期望的样子

场景 2

- 客户了解自己业务流程的每一个步骤,打开API文档。
- 客户开发业务流程的大部分步骤,需要一些现成功能,希望直接使用API,以节约开发交付时间。
- 客户查找 API 文档列表,测试若干看上去功能类似的 API,最终选择自己需要的 API 使用。
- 客户在产品上线后的性能测试中,发现并确认某些 API 需要调换或重构。
- 客户再次查阅 API 文档,迭代上述过程。

- 图 4-18 客户对 SDK 和 API 交付方式的价值期望的示意图

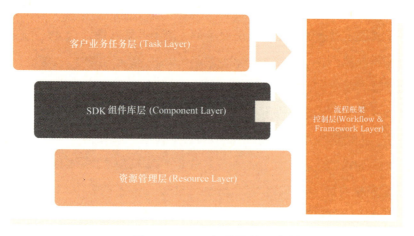

- 图 4-19 SDK 架构设计示意图

第 4 章
服务建模与商业化发布

客户业务任务层通过默认选项和可自定义选项的方式，向用户提供最小单位的任务视图（Task View），比如客户需要数据导入任务（Data Load）、特征提取任务（Feature Extraction）、模型选择（Model Selection）等任务的创建和维护，这些任务都是构成流程框架的最小执行单元，也是必要的步骤。

SDK 组件库层其实是建立在产品先前 API 体系（如果基于现有代码框架的话）之上构建的，从我们前面在 API 体系一节中定义的模型（Model）、数据（Data）、评估摘要汇总（Summary）等 API 基础上，经过适当的适配和重构，再经过封装可以在这一层加以利用。

资源管理层的引入主要考虑为端到端客户提供基于流程框架的简单易用的开发平台，也就是带着"带给客户简单，意味着把复杂留给自己"这样的理念。即客户接受了 SDK 定价，使用了 SDK 产品后，所有带给客户使用过程中的问题，客户都会抛给产品供应商。从客户的角度并不会太多考虑究竟是哪个层面发生的问题，比如是机器学习服务本身的软件缺陷，还是使用的计算资源不可用。这种令机器学习服务商感到困扰的问题，随着鼓励客户迁移到云服务平台之上，并且向客户承诺云平台上的"一站式"机器学习服务的条款后，就变得更加严峻和充满挑战。

基于这些情况所带来的可能影响，对机器学习服务包括本书讲到的推荐服务来说，计算过程所使用的计算资源、存储资源和网络资源也需要不同程度的监控和管理，方便机器学习算法运行中遇到问题后的快速定位。当然，这个话题所延伸和需要讲述的内容就更加广泛和深入了，限于篇幅在这里就不再展开讲解。对相关云服务平台贯穿分析和集成系统分析的相关内容，读者朋友们可以参考相关的资料进行了解和学习。

▶▶ 4.3.2　SDK 商业化定价

SDK 的使用方式决定了它的定价，就像前面我们谈到的 API 的不同使用场景和方式决定了 API 的定价体系一样。SDK 作为一个相对完整的交付对象，从用户的使用和开发周期来看，更容易把控和规划，所以相对而言，SDK 的定价就更加保守和传统，当然这是相对于 API 定价，特别是云服务 API 定价而言。

但是在这里，有必要提醒读者朋友们，随着越来越多的企业客户和个人消费者客户把他们的应用向云服务平台迁移，所有基于云平台的 API 定价和 SDK 定价都会受到所在的云服务平台的定价策略和定价方案的影响。

我们通过两个步骤来介绍 SDK 的定价，一个是 SDK 的分发方式，一个是由 SDK 的分发方式决定的定价方案。

SDK 的分发方式（Distribution Mode）基于三个方面的定义来确定：

- SDK 的资源消耗划分（Resource Consumption Segmentation）。
- SDK 的可见功能划分（Visible Feature Segmentation）。
- SDK 的许可证类型和范围划分（License Segmentation）。

SDK 的资源消耗划分就是 SDK 在确保客户完整业务流程的二次开发过程中，所需要的资源不同，得到的程序运行结果和性能收益也会不尽相同。在云服务平台部署环境中成本方面的体现更加明显，因为从云服务基础设施到 SDK 的应用层面都需要按照各自的定价计费和结算。在 SDK 定价中需要把资源消耗纳入价格体系，也是明确的告知客户在提供 SDK 服务的过程中，都有哪些环节产生了成本，使得定价更加透明，从而使得产品更具有价格优势。

SDK 的可见功能划分就是通过对可能覆盖的不同客户群体和对应的设计开发需求而定义的功能划分序列。之所以称之为序列，是因为从最小功能集合来说，它既能满足最简单需求的客户群体，又可以向最大规模的潜在客户和细分市场展示其产品上的设计优势性（因为这样的最小功能集合往往都是免费提供），之后随着客户使用的熟悉和计划让更多的业务使用这样的 SDK 产品（比如从简单的字符识别到图像识别，到最终决定把生产系统的业务重构使用这个 SDK 产品来加快实现），就可以逐次把功能划分序列中的更多功能集合加入进来提供给客户，当然这也代表更高的费用。

SDK 的许可证类型和范围划分往往是基于商业收益和知识产权保护的考虑，它与上面讲的第一个方面的定义（即 SDK 的可见功能划分）息息相关。

到这里，我们就可以比较清楚地列举出 SDK 定价的视图了，如图 4-20 所示。

● 图 4-20　SDK 最终定价构成示意图

进而，我们再给出一些具体的例子来说明这样的定价构成（见表 4-3）。

表 4-3　SDK 定价构成表

定价构成因素	定价构成因素的具体示例
SDK 的资源消耗划分	vCPU 数目选择，存储容量选择，操作系统版本选择，单服务器选择，高可用多服务器选择
SDK 的可见功能划分	试用版，标准版，企业版
SDK 的许可证类型和范围划分	免费试用版，有限免费试用版，订阅收费版

再列举一个 SDK 的定价示例（见表 4-4）。

表 4-4　SDK 定价示例表

SDK 产品名称	SDK 产品许可证费用
机器学习开发工具包 Prime SDK（32 或 64-bit）	1200 元/年
机器学习开发工具包 Standard SDK（32 或 64-bit）	2800 元/年

在这里，我们强调 SDK 定价的构成和最终呈现，也是想和读者朋友们一起回溯整个定价过程，了解到哪些方面会影响最终的定价和产品的营收。因为只有产品卖得好，客户使用满意，我们商业化产品的实践道路才能走下去，这也是我们继续提高和改进产品的动力所在。

4.4 小结

本章主要介绍软件系统的架构建模以及相应的软件服务对外接口 API 的设计与定价，以及随着深入集成客户的业务场景和业务流程而构建的客户平台快速开发工具包 SDK 的架构、设计方法和 SDK 定价模型等方面的内容。

之所以在本章中介绍 API 定价和 SDK 定价，主要是为了与读者朋友们一起，从产品团队成员的视角建立一种持久的观念，即商业化推荐服务与商业化软件系统一样，需要从经济与商业化价值实现的角度审视自己的设计与架构选择。因为技术上的选择不应被认为是商业流程中的下游过程，而是能够与业务与产品价值密切结合，互相得以沟通和理解的过程。

在这个过程中，产品团队的成员对于自己所做的工作，比如哪些 API 会被哪些客户以多大的程度进行频繁调度，哪些 SDK 中的组件会与客户的定制代码紧密集成，从而要求配置管理必须设计友好而精良，有经济上和产品商业价值化上的较为清晰的认识。

有了这种认识，在具体的技术选型、算法模型选择和数据压力测试等阶段，就会有清晰的目标驱动的判断。因为，对于产品团队自身设定的技术 KPI 来说，因为没有背后的商业价值化的背景诠释，缺乏业务场景的关联，设计和技术上的实现往往陷入"按照常规方法处理""使用自己熟悉的技术来实现"这样的误区，最终导致产品商业化价值转化的效果受到影响。

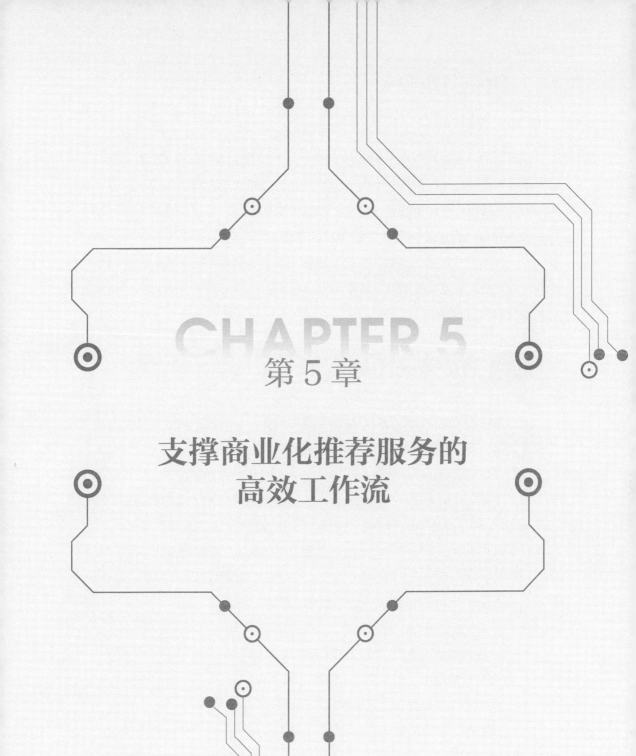

第 5 章

支撑商业化推荐服务的高效工作流

商业化推荐系统高效稳定的服务，是我们能够持续向客户平台提供高质量商业价值的根本前提。在这样的指导原则下，需要业务应用代码的持续集成工作流、数据源与数据运营工作流和机器学习模型工作流的密切配合。为了满足面向平台和企业相关业务的客户价值的实现，需要在"提供能力的背后"做出很多努力。换句话说，为了让客户"简单、高效、快捷"地使用商业化软件服务，我们需要在后台帮助客户处理更大程度的复杂性。本章会向读者朋友们介绍商业化推荐服务工作流设计和运营的相关内容。

5.1 构建稳定可靠的流水线

一个完整而又设计全面的商业化推荐服务需要三个方面的功能支持，即应用程序业务逻辑支持、有效数据集支持和机器学习模型支持。

在数据持续更新、用户行为和商品信息不断变化的业务环境中，应用程序中的相关业务流程以及用来捕获用户浏览喜好和购物倾向等行为信息的机器学习模型也需要随之做出相应的更新，以不断适应新的业务场景和上下文环境的变化。

对于这种不断变更和持续跟进的业务要求，在商业化推荐服务的标准工作流中，能否同时精心设计与持续运营三条工作流，并使它们之间可以互相协作与密切配合，就成为能否及时有效地进行商业化交付的核心诉求。

这三条工作流如下。

- 代码应用的持续集成交付 CI/CD 工作流。
- 数据源持续集成处理和交付工作流（Data Pipeline）。
- 机器学习相关模型持续训练评估与交付工作流。

上述三条工作流的综合作用，就像一个动态变化的三角形，能够提供对最终产品服务的高效可靠交付。我们需要做的就是保证它的稳定性。

在这三种工作流中，通过各自设计的闭环逻辑和相应精心设计的对外接口或事件/通知驱动引擎，可以提供同步/异步多种集成方式，来为商业化推荐服务的最后

第 5 章
支撑商业化推荐服务的高效工作流

部署和运行提供全方位额支持,如图 5-1 所示。

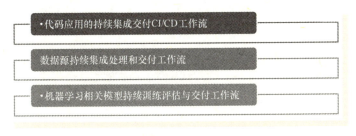

● 图 5-1　支撑商业化推荐服务的三条工作流示意图

本节我们主要围绕机器学习相关模型持续训练评估与交付工作流来进行介绍和探讨。

机器学习工作流水线（Machine Learning Pipeline）是为了帮助自动化整个机器学习模型的构建和使用的工作过程而设计的一整套过程定义。它可以使相关的训练学习数据整合在一起，帮助选择、训练和评估相关的各种机器学习模型满足设定的模型评价标准，以此来为后续的应用程序业务逻辑提供分类、预测等智能型功能。

要知道，如果具有经过充分设计和实施的机器学习工作流，那么模型训练和部署过程中的多个子过程就可以有效连接起来，以高效、可复用、可扩展的方式加速整个机器学习模型的训练和部署过程，从而为后续的业务逻辑提供更好的服务。

机器学习工作流在具体实践中有很多的变体，即在一些步骤上有少许细微的差别，这些差别是由不同的机器学习目标和工作流程定义所决定的。

> 在机器学习工作流的设计与实践中，需要保证工作流各功能组件的拼接灵活性和扩展性，这对整个工作流的业务输出弹性和健壮性尤为重要。

比如，如果在领域知识和经验以及业务场景和数据规律相对清晰的阶段，或者机器学习服务已经稳定运行一段时间之后，对于使用何种特定的模型已经有了比较明确的了解和计划，则机器学习工作流如图 5-2 所示。

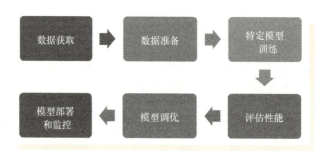

- 图 5-2 特定模型选择下的机器学习工作流示意图

再比如，如果对于业务场景和准备的数据集在最初并没有特别有把握的决策，就需要对同一类型（如分类、数值预测）的模型进行多个模型的选择和评估，这时机器学习工作流会产生变体的结构，如图 5-3 所示。

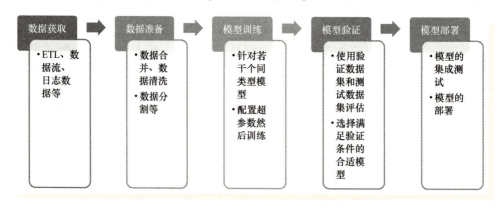

- 图 5-3 同类多模型场景下的机器学习工作流示意图

设想有一款具有挑战性的商业预测应用，其在股票市场的在线预测或是客户关系管理中都有大量的关系分类和挖掘，这就需要有高效持续的机器学习工作流来胜任这项任务，以在这一过程中不断提高工作流的可扩展性、子过程的可复用性以及最终交付的准确性、可回溯性和最大程度的可视化交互性。

机器学习工作流水线的任务包括了如下几个方面。

- 数据准备：包括数据导入、数据验证、数据清洗、数据格式变换和数据归一化。

- 特征提取和特征工程：包括特征提取、特征清洗与预处理、特征有效性分析和特征监控。
- 模型训练：包括模型选择和评估、模型迭代训练、模型持续验证评估和模型优化。
- 模型部署：包括模型的资源准备、模型多版本管理和模型部署。

对于机器学习工作流，在实践中有几点有意思的地方值得读者注意。

与业务逻辑代码 CI/CD 工作流的特点不同，机器学习模型由于自身的数据和优化动态性特点，使机器学习工作流的很多步骤和环节是持续迭代的，很多步骤需要循环运行很多次。

比如，为了确保机器学习模型的预测准确性，我们需要在机器学习模型的选择阶段，多次运行各个模型的训练过程和评估过程（Evaluation Process），通过使用精心选择的验证数据集（Validation Data Set）来评估候选的机器学习模型，并最后确定特定的模型进行后续的训练、评估和可能的部署。

另外，机器学习工作流的设计为各个子过程和步骤相对独立，比如整个工作流不是写在一个脚本中，而是设计了接口友好的 API，并在情况需要的时候，使用相同或不同的编程语言来实现数据处理部分、特征提取部分、模型训练与评估优化部分以及模型部署部分，我们不仅可以相对独立地设计、实现和变更各个子过程的内部逻辑并进行必要的优化和运行时的水平扩展，同时还可以做到仅使用部分的流程来加快工作流的执行进度。

举例来说，如果我们仅仅是重选模型或者重新训练模型（Retrain or Update Model），在短期内不进行数据更新的情况下，就可以不用重复数据处理阶段的子过程，而复用事先已经准备好的数据和特征对模型进行更新或重训练。

对于模型的版本控制而言，如果发现最新的模型在交付前的集成测试中有较为严重的问题，那么我们就可以跳过相对独立的数据准备、模型训练和评估阶段，而直接使用模型部署中的模型回滚（Model Rollback）功能，回退到上一个稳定的模型版本即可。

在实际的机器学习工作流运行中，由于模型选择、模型评估和模型重训练（Model Retraining）或者模型更新（Model Update）的需要，整个过程是迭代进行的，因此根据业务的需要和子过程复用的考虑，我们需要为了实现各个不同的业务目标实施不同的过程复用计划。设想在数据处理阶段不变的情况下，如果各个阶段和子过程不能复用，那么数据处理阶段就会被无谓地多次重复，消耗了不必要的时间和相关计算资源和存储资源。其他步骤和子过程类似，如图5-4所示。

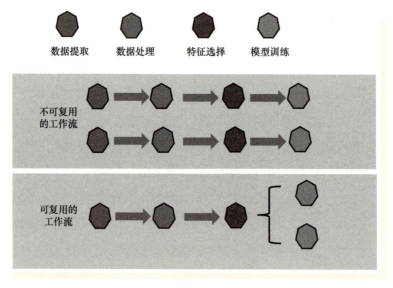

- 图5-4 使用不可复用和可复用的机器学习工作流的流程对比示意图

因此，从机器学习工作流的设计与实施的开始，就需要把流程步骤和子过程复用和扩展的设计理念贯彻始终。

总而言之，在机器学习工作流的设计中，我们需要在保证经典工作流步骤的符合业务要求的基础上，尽可能具有以下三个方面的特点。

- 灵活性：即工作流的各个步骤单元易于替换和更新，如果需要重新改写或者重构各个步骤单元内的业务逻辑，可以在不影响其他步骤单元的基础上，相对独立地修改和重构。
- 性能可扩展性：即工作流的各个步骤单元在数据处理的容量和效率的不同要

求下，在机器学习模型训练的数目、规模和资源消耗的不同需求下，各个步骤单元可以使用设计良好的接口通过"代码即扩展"（Code As Scale）的方式，简便快捷地对各个部分的性能和处理能力进行水平扩展，从而为机器学习工作流的最终预测结果的高效输出提供助力。

- 功能可扩展性：即工作流的各个步骤单元采取设计合理的集成方式之后，被划分为各个独立的模块，则根据业务的需要和更新，可以设计新的中间步骤和处理单元添加到原先的机器学习工作流中，并且通过设计良好的接口进行集成，最终成为工作流中的一部分。

比如，在最初的机器学习工作流中，随着业务发展和相关场景的更新，我们会从横向和纵向上引入模型版本的控制机制：横向即对于多个类似的业务场景，我们会使用多套参数配置方案来适配相似的模型；纵向即对于同一个业务场景在不同时间线上的运行，我们会根据需求对同一个模型的多个版本进行管理。通过对类似的多版本模型的管理，可以实现模型数据的双向评估和版本回溯评估等多项重要的工作。

对于这样的模型版本管理的需求，我们就可以在原先设计和运行良好的机器学习工作流中，添加相应的模型仓库（Model Registry）、模型版本元数据管理器（Model Versioning Data Controller）和模型版本控制单元（Model Versioning Control Unit）等相对独立的工作流组件，并以组件接口的集成方式，融入原先的机器学习工作流中进行集成测试和上线部署运营等工作。

到这里，相信读者朋友们对类似的机器学习工作流的相关过程已经有了或多或少的了解，但是我们把视野再扩大一些，就会遇到另一个核心问题，即部署好的机器学习模型又是如何被外层的应用程序逻辑所使用的呢？

相信很多熟悉 Web 应用程序架构的读者朋友都很熟悉，使用各种 Web Framework 框架（比如 Flask，Django 等）构建 Web Server，然后使用设计好的 API 封装相关的机器学习算法，基本上就可以打通一个虽然简单但是具有应用原型 Prototype 的机器学习应用程序。

在这里，我们需要在此基础上对机器学习模型与外层的应用程序逻辑的集成做一些更具工程实践意义的探讨，即模型在版本控制之下，如何做好有效的分发？

之所以提出这个问题，是由于在实际的商业系统中，业务场景和业务流程的种类和数量是相当可观的，对应不同的应用情况，在可以复用的情况下，需要对模型及其上下文元数据进行标注，同时对于具有或多或少参数化差异的模型来说，需要进行功能差异上和时间线上的多版本控制。而这些版本信息最好能够跟随机器学习模型本身一起使用和迁移，这样对于模型的检索、验证、回滚、升级更新和历史评估都有实际意义。

另一方面，构建和使用机器学习模型时，根据模型的复杂性和内容要求，需要使用一系列的依赖来使能机器学习模型，因此在部署和后续运行机器学习模型时，我们需要模型和模型的依赖才能完整地发挥模型的功能。

具体来说，一个机器学习模型的分发形式应该包括机器学习模型的代码和相关的依赖（比如版本匹配的 TensorFlow），具有这种分发形式的机器学习模型才能在任何支持的计算环境中畅通无阻、并且基本不需要做更改地与外层应用程序业务逻辑进行交互，比如接受应用程序的数据输入和查询请求，或者发送提供给应用程序的分类、预测结果等。

因此，我们需要一个让机器学习模型可以方便使用、方便迁移和兼容，以及具有自洽性的上下文执行环境，而这样的部署和迁移环境要求使用一种标准的方式和工具来解决。

在做进一步说明之前，让我们再次回顾机器学习服务与外层应用业务逻辑之间的集成方式，如图 5-5 所示。

在上述流程和业务需求的驱动之下，目前一般我们选用容器技术来封装和运行机器学习模型服务。具体来说，使用 Docker 容器来封装、部署和运行机器学习模型。

使用 DockerFile 或者运行时封装的方式，把机器学习模型代码和相关的依赖（比如版本匹配的 TensorFlow）都迁移到 Docker 容器中，然后把它制作成 Docker

镜像。

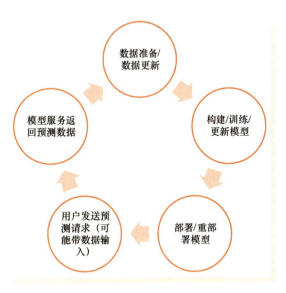

- 图 5-5 机器学习与外层应用逻辑集成方式示意图

然后，我们可以选择独立创建一个新的 Docker Image，或者可以在前面的机器学习模型 Docker 镜像中安装部署一个 REST API，为这个或者若干个镜像内的机器学习模型提供路由服务。

这样做是因为要考虑一些特定的场景，比如当团队成员独立开发各个类型的机器学习模型时，根据各自模型和业务场景的要求，会独立设计好各自的服务 API，这样做可以为后续的系统整合、重构或者集成提供方便：

- 如果继续独立使用各个机器学习模型镜像，特别是对于向第三方部门提供一部分的机器学习功能（如仅需要 2~3 个机器学习模型镜像），则设计好的镜像内 API 可以直接提供路由服务，不再需要额外的开发过程提供整体的 API 架构设计。
- 如果需要整合和重构各个机器学习模型的 API 接口标准和命名方式，各个镜像内的 API 设计规范和命名方式会提供借鉴，同时各个镜像也可以剔除相对独立的 API 路由组件，仅提供机器学习代码和相关依赖。

在此基础上，由于机器学习服务运营的需要，同时考虑机器学习模型的自服务性，还可以在设计的过程中，为相关的机器学习模型镜像中添加监控（Monitor）、运行追踪（Tracing）和预警（Alerting）的功能。

读者朋友们可能会问，这些功能不应该是在系统的外部设置统一的功能部署组件来提供相关的服务吗？

这种设计选项，确实是为解决上述疑问而提供的。

对于整体机器学习服务的系统而言，其集中式部署和运行的监控服务、运行追踪和处理服务、预警服务都是管理型中间件，即它们需要了解各个节点、各个运行中的容器（或者 Kubernetes 架构中的 Pod）的相关细节信息，才能把这些若干节点、若干容器中的数据收集起来，进行统计计算、整合、分析和生成相关的报告。

所以，为了迎合整体系统中对于机器学习各个模型和节点的运行情况的了解，就需要在各个机器学习模型容器中部署、收集各个容器内机器学习运行情况的监控（Monitor）、运行日志追踪（Tracing）和预警功能（Alerting）的相关服务。

> 团队如果有资源上的条件，可以指定专门的成员负责模型节点的监控、日志追踪和预警功能的设计与维护。如果条件不允许，可以寻求跨团队合作。

当然，在具体技术实现方式上，可以考虑把镜像做的"重一些"或者"轻一些"。如果"重一些"，则运行时容器往往可以使用"推"（Push）的方式，在系统设定的周期内定时向管理节点发送机器学习模型容器的运行情况；如果"轻一些"，则上述的服务可以做得比较轻量化，即"反应式"结构。管理节点除了会获取到各个容器主动发来的主动式"心跳"信息以外，基本会以"拉"（Pull）的方式主动从各个容器中查询、拉取相关的监控、运行日志信息。

从功能相对完备、迁移简便、节点功能相对完备的机器学习模型运行时容器来说，包括的服务如图 5-6 所示。

● 图 5-6 功能相对完备的机器学习模型运行时容器组成结构示意图

总而言之，以 Docker 镜像和运行时容器方式管理机器学习模型代码和依赖，以及作为可选项的 REST API 组件，可以非常方便地在各个系统之间迁移、部署和运行特定功能的机器学习模型服务。这种可迁移、可兼容的机器学习资源利用方式，对于系统的可扩展性和灵活性而言具有很大的价值，从另一个方面，也会在产品服务的未来发展中大大降低开发的时间，提高部署和运行的效率。

5.2 工作流的可持续性设计

工作流的可持续性运营来源于设计之初对于高效流水线（Pipeline）的发展计划和价值认知。具体来说，需要清楚地了解在业务和相关商业化服务的不同阶段，应该设计和维护何种成熟度和复杂度的相关工作流，并且可以随着业务场景和模型更新的需要，不断改进工作流的流程和相关过程，为工作流的持续赋能提供支撑。

▶ 5.2.1 工作流中的参数评估

机器学习模型的选择依据了业务场景和数据特征的不同，借助于模型和数据探索（Exploration）等方法，给出不同业务环境要求下的最合适的模型输出。

不论是用于机器学习模型训练的数据集，还是来自实际生产环境和用户提供的实际数据，都被视为评估和验证机器学习模型的数据输入。机器学习模型在数据驱动之下的种种表现，通过机器学习模型的评估过程得以记录，或者重新选择，或者加以优化。围绕着这些不断迭代和重复的过程，也面对着不同类型的机器学习模型，程序开发人员往往在刚接触机器学习模型和相关算法的时候，对这些评估的参数，总觉得眼花缭乱，或者陷入了数学公式的困扰之中。

实际上，对不同类型的机器学习模型"家族"来说，模型有"模型基本型"和"模型变体"之分。这是因为模型的基本型来源于某类问题的最早解决方案，比如回归预测问题中的"线性回归模型"。而随着模型能够解决的业务场景的扩大，针对特定的业务场景和数据集的统计分布特性的差异性，对模型的改进、模型核心计算公式的替换等多种方式，就会产生模型的变体。

掌握了数量客观的机器学习模型，并经过若干次实验、训练与测试之后，我们就会发现，同类型的机器学习模型，根据其自身特点，就会有类似的参数评价标准。而掌握了这种基本的参数评价标准，对于相应类型的机器学习模型的变体，不论其内在形式如何变化、如何增加复杂性，其参数评价标准总是基本稳定的。简单来说就是：

- 对应于数值回归模型的误差型评估参数。
- 对应于分类模型的比率型评估参数。

误差型评估参数适用于回归模型。不论连续数值型还是离散 0/1 型，总归是计算出数值，然后和期望值计算差值，统称为"误差型参数"。

看到回归模型，一般就要联想到评估参数是误差型参数。

表 5-1 所示为常用的回归模型评估参数。

表 5-1 常用回归模型评估参数

回归模型评估参数	表示含义
平均绝对误差（MAE）	样本值和模型预测值的误差绝对值。这个数值越接近于零，说明模型预测精度越高
相对绝对误差（RAE）	把平均绝对误差 MAE 正则化，在 0~1 区间的数值表示。这个数值越接近于零，说明模型预测精度越高

庆祝中市镇农机厂
机农林种业7O周年

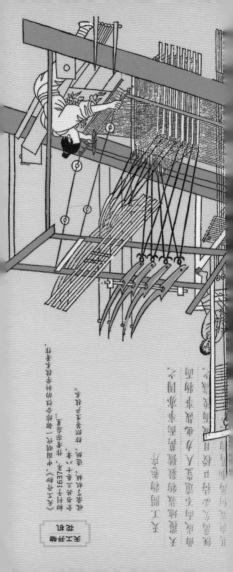

天工开物
花机

《天工开物》由中国明代科学家宋应星初刊于1637年,被称为"中国17世纪的工艺百科全书"。书中描述了花机的形制及操作方法。

（续）

回归模型评估参数	表示含义
均方根误差（RMSE）	样本值和模型预测值的误差平方后再计算均方根值。这个数值越接近于零，说明模型预测精度越高
相对均方误差（RSE）	把均方根误差 RMSE 正则化，在 0～1 区间的数值表示。这个数值越接近于零，说明模型预测精度越高

<u>比率型评估参数适用于分类模型。</u>由于分类模型的功能就是帮助我们把待分类的数据集要么归于 A 类，要么归于 B 类，要么归于 C 类。因此，评价分类模型的优劣，就是看特定类别的对象是否被机器学习算法模型识别到了正确的分类中。换一种说话，也就是看分类模型是不是能够让待验证数据与对应的标签匹配，属于是否命中的问题，因此本质上就是一个百分比的问题。

我们以二分类问题为例，对于模型识别的分类标签，如果 A 类数据认为是 Positive，B 类数据认为是 Negative，而标签数据与分类数据符合（匹配）为 True，标签数据与分类不符合（不匹配）为 False 的情况下，就存在以下四种情况。

- A 类数据，被算法模型识别为了 A 类数据-True Positive。
- A 类数据，被算法模型识别为了 B 类数据-False Positive。
- B 类数据，被算法模型识别为了 B 类数据-True Negative。
- B 类数据，被算法模型识别为了 A 类数据- False Negative。

看到分类模型，一般就要联想到各种相关的百分比参数。

表 5-2 所示常用的分类模型评估参数：

表 5-2　常用的分类模型评估参数

分类模型评估参数	表示含义
预测准确率（Accuracy）	预测准确率=（True Positive + True Negative）/（True Positive + True Negative + False Positive + False Negative）。模型提供的数值越接近 100% 越好

（续）

分类模型评估参数	表示含义
预测精确率（Precisions）	预测精确率 = True Positive / (True Positive + False Positive)。模型提供的数值越接近100%越好
召回率（Recall）	召回率 = True Positive / (True Positive + False Negative)。模型提供的数值越接近100%越好
AUC曲线面积	AUC表示ROC曲线图中曲线下方的面积。模型提供的数值为1表示完全正确的分类，数值为0.5表示分类结果完全随机
F1值（F1 Score）	F1 = 2 * Precision * Recall / (Precision + Recall)。模型提供的数值越接近1越好

在表5-2里，预测准确率、预测精确率和召回率有必要多说明一下。

预测准确率想要考察模型算法对于既能识别出A类数据又能识别出B类数据的综合能力，因此它的分子上的两个相加项是True Positive和True Negative。

预测精确率想要考察的是针对某一类数据，模型算法的识别能力。比如，对于A类数据，考察模型算法正确识别出A类数据，错误地把A类数据识别为B类数据之后的比率。

召回率想要考察的是对于所有的数据，模型算法究竟把其中多少的A类数据识别为了A类数据（True Positive），又有多少本来应该是B类数据的被识别为了A类数据。

读者朋友们可能会想到这样一个问题，即为什么需要这些不同的分类评价参数？这是因为不同的参数需要适合不同的分类评价场景。有些情况下需要评估模型算法对多个类别的综合分类能力，有些情况下更关注某一类别数据的分类识别情况。基于这样的原因，针对不同的分类评价场景，我们可以选择完整的参数序列进行计算，也可以选择其中业务需要的若干参数进行重点跟踪和计算。

在此基础上，出于业务评估场景的需要和机器学习模型算法变体的内容需要，从相对严谨的数值分析和评估公式中出发，我们也可以较为自信和客观地设计出新的误差型评估参数及其计算方法。

第 5 章
支撑商业化推荐服务的高效工作流

> 根据业务评估场景和模型变体的需要，可以设计新的适合的误差型评估参数及其计算方法。

这里向读者朋友们分享一些参数指标分析和整理的经验心得，不同模型算法的选择以及训练模型之后获得的评价参数，在计算和存储资源允许的条件下，最好建立存储和记录的指标评价参数数据库。这样，在后续面对新的业务场合和同等规模数据和性能要求前提下的类似场景中，可以作为团队内的历史参考，也可以在向更高决策层推荐产品的时候拿出可以信服的数据作为决策依据。当然这些流程可以集成到支撑机器学习服务的 DevOps 流程中去。

由于市场上已经有很多详细介绍各种推荐服务算法框架和细节的优秀图书，所以本书希望从另一个视角向大家进行介绍，为大家深入学习掌握各种推荐服务算法框架提供帮助。

也就是说，当我们遇到企业业务中的实际问题，希望通过推荐服务作为解决方向的时候，能够有步骤地选择模型，清楚自己处在解决方案的哪个环节上，遇到问题知道应该倒退回哪个步骤进行重新选择，每走一步都很清楚自己的目标所在。

让我们通过一个实际的场景来了解这些相关的内容吧。

首先，收集数据。

我们在现有系统中积累了一些历史数据，有用户的数据，也有产品的数据。为了讲解方便，我们假设先不考虑特征选择和提取、数据清洗、数据分割等环节。设想获得的数据可以直接使用，如图 5-7 所示。

● 图 5-7 从用户和产品使用中收集数据

然后，判断业务场景类型，选择模型的类型。

我们决定使用机器学习算法让软件可以自动帮助我们进行一些工作。这时，我们就需要明确，如果我们要对一些指标数值进行预测，那么我们就要把选择模型的眼光放到"回归模型"这一类中来。如果我们已经知道了一些分类数据，希望算法模型能够按照已有的分类数据对一些收集的数据遵循继续的分类工作，那么我们就要把选择模型的类型放到"分类模型"这一类中去。如果我们手里的数据集各有一系列特征（属性列），但是没有已知的标签分类，仅仅是想把从某些特征或者组合特征中的类型相关的数据归到一类去，那么我们就把选择模型的类型放到"聚类模型"这一类中去，如图5-8所示。

• 图5-8　模型的机器学习模型示意图

接着，选择模型类型中的一种算法模型进行训练。比如"回归模型"选择"线性回归模型"进行训练。训练出的模型其实就是确定带有不确定参数模型中各个参数的数值，并且保存起来。

然后，使用那些用于评价模型的数据进行计算，也就是"给训练好的模型打分"，提供评估模型阶段需要使用的数据。

最后，使用评估参数模型公式计算上一步中的打分数据，最终给出评价参数的数值和相关图表，这样就完成了机器学习模型应用的基本步骤。

对于上述的步骤，我们必须清楚，收集的数据实际上是分为了两个部分（当然，重新拆分交叉验证数据也是可能必要的步骤之一，这里加以简化），一部分用来训练模型，另一部分用来评估模型。往往首次训练模型之后的效果并不理想，我

第 5 章
支撑商业化推荐服务的高效工作流

们需要调整。我们将会从以下几个方面来调整模型。

第一个方面，现有模型不变，调整模型参数。要知道每一个模型都有几个配置参数，通过手工或者数值优化的方法调整这些配置参数，就可以调整模型的表现。当然，必须清楚，这些调整只能改变模型的些许表现，因为模型挖掘数据的能力是由模型本身的结构所决定的。因此，在不放弃模型的情况下，我们可以先调整模型参数来看看模型的表现。

第二个方面，重新选择模型。比如"线性回归模型"可能并不适合现有的业务场景，我们重新选择为"加强决策树回归"模型，再重复上述的过程。得出评估参数结果后，再看是否满足相关的业务标准要求。

第三个方面，特征重新提取和组合。这个方向其实已经超出了机器学习算法设计开发人员的业务范畴，需要与业务领域和数据收集相关的专家一起重新回到收集和处理数据的原点，重新审视应该选择怎样的特征组合才能更好地挖掘数据内在的规律和相关性。这一方面属于"特征工程"的范畴，在有些公司中这是由数据部门专门负责处理的工作，有些公司中则划归到机器学习团队中来一并解决。

第四个方面，扩展数据源和提高数据量。这往往需要重新投入数据收集预算，甚至需要从企业内部、企业外部第三方数据源来增加数据收集量和数据源种类，在产品实践中往往投入产出周期较长。但是，经过充分评估和分析决策之后，如果确实必要，经过机器学习的整个流程处理后，往往也能带来满意的效果。

5.2.2 流水线中的模型版本管理

本节我们来介绍机器学习模型版本的内容。由于机器学习模型的更新不仅和模型本身有关，和相关的训练数据（Train Data Set）、验证数据（Validation Data Set）和测试数据（Test Data Set）的更新也关系密切。所以，在商业化的生产系统中，机器学习模型的版本管理实际上包括了对模型本身的版本管理和相关数据集的版本管理两部分内容。

虽然本节的主要内容是围绕机器学习模型版本的管理来展开的，但是在业务场景和流程需要的地方,我们也会介绍数据集版本管理的内容。

我们知道,机器学习模型的选择、评估、确定和更新都是围绕着快节奏的实验和迭代计算来展开的。因此,如果我们不能很好地跟踪、追溯和记录相关模型的历史信息,就不能很好地利用机器学习模型的功能。

机器学习模型版本控制帮助我们回答了如下的问题:每一次选择的模型,在特定版本的数据集上,功能和性能表现如何?在什么样特定的超参数集合之下来达到这样的效果?

另外,从系统监控和 IT 资源管理上看,机器学习模型的版本控制也为 IT 资源的使用成本、经济效益和数据与计算资源的宏观管理提供了数据支持和历史追溯能力。

因此,在构建完整的机器学习模型功能组合面前,工作流中包括合理有效的模型版本控制机制和相应的解决方案,这就成了商业化系统设计的必要一环。

为了方便大家理解和整理机器学习模型版本控制的支撑背景,我们来梳理一下模型版本控制必要性的几个主要方面,如图 5-9 所示。

● 图 5-9 机器学习模型版本管理的必要性示意图

(1) 确定当前数据集下最合适的模型

最合适的模型对应了事先设计好的模型验证标准,通过一系列的评估计算过程和选择的评估指标,我们可以确定在当前数据集下最合适的模型,即不仅仅考虑单一因素的影响,而是综合考虑在处理时间、预测效果、数据平衡性等多个方面因素的决定下,最合适于当前业务场景的机器学习模型。

从另一个角度来看,合适的机器学习模型实际上是由当前的数据集、经过选择的模型类型或者模型变体、选择的超参数组合、经过调优的参数等方面共同组成的集合体。

因此，所谓机器学习的模型版本管理，实际就包含了以上多个方面的数据信息的集成。

回溯上一节讲述机器学习模型部署的实施方案，我们知道可以使用 Docker 容器镜像的技术途径来整合以上所有信息的打包和分发。

因此，在具体的工程实践中，如果对于容器技术相对熟练的团队，可以考虑围绕 Docker 镜像或者 Kubernetes 集群部署的技术方向，把相关的机器学习代码 git 库管理、机器学习依赖库的版本管理、超参数配置和参数键值对元数据存储，以及其他在调优中需要持久化的信息通过 Docker 数据镜像的方式进行集中管理。

当然，在实践当中，也可以通过其他的外部存储中间件或者元数据数据库进行相关的信息管理，把 Docker Registry 相关的架构做得"轻量"一些。总之，就是根据团队的技术特点和经验成熟度来决定各种版本控制架构的基本方向和变体结构。

（2）为模型运行提供容错机制和回滚功能

这一观点主要来源于当机器学习模型被部署和运行于生产系统后，可能出现的各种问题。

举例来说，当机器学习模型的特定版本在生产系统运行一段时间后，一些超出数据集显著性差异阈值的数据变化，对运行在生产系统中的模型产生了较大的影响。经过后台的模型交叉评估对比之后，发现前一个版本，或者前溯的某个版本的综合表现要好于当前的模型版本。

那么提供这样的一种容错机制，并执行相应的模型版本回滚（Version Rollback）操作，就可以使得生产系统中执行相应服务功能的模型可以继续在可用性、性能表现等多个方面处于允许范围内，向前端的用户提供分类、预测等相关服务。

再比如，生产系统在运行一段时间后，由于业务场景下的客户的服务请求或者服务质量要求有所增加，经过评估，当前的模型版本无法满足系统的总体性能要求，那么我们应用版本管理机制就可以通过版本回滚（Version Rollback）的方法，切换到一个适合的模型版本进行服务，同时在后台的机器学习模型工作流中并发地进行更优模型的训练和测试工作。

（3）模型依赖的记录与匹配

这里主要是指机器学习模型得以正常工作的诸多依赖框架和相关文件。在 Docker 镜像作为机器学习模型打包和分发方式中，我们会把模型相关的依赖（比如版本匹配的 TensorFlow）也打包进机器学习镜像之中。

这样，在模型的训练和评估之中，如果发现了模型功能和相关表现上的错误，我们可以根据模型的相关依赖，从我们需要的系统层次上去分析、调试和变更导致模型发生错误和偏差的问题来源。

（4）机器学习计算资源管理

机器学习计算资源从宏观上看似就是简单的数据集、模型代码、模型依赖和部署环境资源。然而在需求和业务场景频繁变化和更新的上下文环境中，每一次的数据迁移、数据处理、模型计算、模型部署都需要耗费相应的 IT 资源。

特别是在云服务环境之下，每一种和机器学习模型服务相关的资源消耗，都需要在 IT 资源的管理和规划之下，保证每一项重要的资源使用都能够得到记录和可供回溯查询。

这样，对于最终计算机器学习向内部客户和外部客户提供服务，其产生的商业价值和产品经济效益也可以通过相对清晰准确的数据形式提供相关 IT 资源的资源使用率、再投资估计收益率、投入资源成果转化率等数据支持，从而为机器学习服务的持续发展和继续投资奠定良好的基础。

通过以上结合生产系统运行机器学习模型过程中遇到的各种问题的描述，我们结合团队掌握的技术工具和方法，可以对机器学习模型版本管理的实现做出说明，希望对读者朋友们有所参考和借鉴，如图 5-10 所示。

- 使用 Git 服务来实现机器学习代码的版本控制和差异化比对。
- 使用数据版本控制（Data Version Control，DVC）技术来实现数据集和数据文件的版本控制和差异化比对。

第 5 章
支撑商业化推荐服务的高效工作流

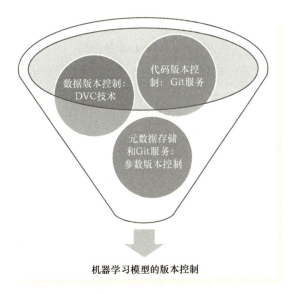

- 图 5-10 机器学习模型的版本控制的各项支撑技术示意图

- 使用元数据存储管理和 Git 服务来实现模型超参数和参数调优数据的版本控制和差异化比对。
- 使用 Docker 镜像容器技术实现对特定机器学习模型的整体版本信息的版本管理。

这里特别介绍一下数据版本控制的相关内容。

数据版本控制（DVC https：//dvc.org/）是 Git 的一个扩展件，它是整合了 Git 的代码版本管理和比对功能以及基于机器学习中针对数据管理的特定功能而形成的一整套数据版本控制技术。

数据版本控制（DVC）运行在由 Git Server 支持的 Git 仓库之上，并提供了包括分布式版本控制和其他 Git 原先具有的本地分支、Git 版本控制在内的多项功能。

如果说 Git 是 Code 的版本管理工具的话，那么 DVC 就是构建在 Git 之上的 Data 的版本管理工具。

现在列举几个简单的例子，让大家有一个形象的理解：

1）跟踪一个数据文件或者一个数据目录：dvc add data/data.xml – dvc，追踪本地/data 数据目录下的一个数据集 XML 文件。

实际上，DVC 针对这个数据文件 data.xml 会生成一个有关其元数据的 data/data.xml.dvc 文件，它相当于在 DVC 环境中代表了这个实际的数据文件 data.xml，用来进行跟踪和追溯。

2）跟踪相应的 dvc 文件：

```
git add data/data.xml.dvc data/.gitignore
    git commit -m "Add raw data"
```

3）建立 DVC 管理下的数据存储：

```
dvc remote add -d storage s3://mybucket/dvcstore
git add .dvc/config
git commit -m "Configure remote storage"
```

上述步骤就为前面通过 dvc add 的本地数据 data.xml 添加了指定的远端云服务存储位置，并建立关联。

4）推送数据：

```
dvc push
```

5）如果需要从远端（比如 AWS S3 上）拉取上传 Push 的数据，则使用 dvc pull 命令实现：

```
dvc pull
```

6）由于我们在本地维护多个版本的数据集，这些不同的数据集往往会使用不同的数据目录来维护，比如/dataSales_1，/dataSales_2，/dataOrder_1，/dataOrder_2 等方式持久化。那么我们就需要按照一定的标准定义不同的本地 data 分支，使得在业务需要的时候，可以在不同的数据分支之间进行切换：

首先，使用 git checkout 来切换分支和 .dvc 文件：

```
git checkout <…>
```

然后使用 dvc checkout 来同步数据，就像同步代码的方式一样：

```
dvc checkout
```

让我们通过数据版本管理 DVC 与 Git 服务结合的结构原理图来进一步加以说

明，如图 5-11 所示。

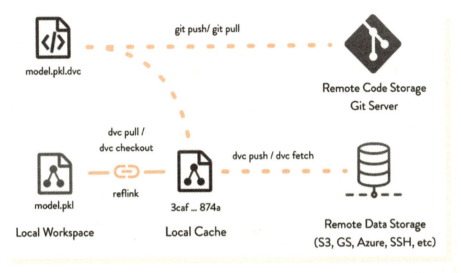

- 图 5-11　模型版本管理与数据版本管理 DVC 的原理图（https://dvc.org/）

在图 5-11 中，数据目录和数据文件的追踪和记录来自于 model.pkl.dvc 文件，而其对应于本地的数据缓存文件，这个本地的数据缓存文件又和对应的本地工作空间中的模型文件 model.pkl 对应。作为和其他 git 代码文件一样对待的 dvc 数据追踪文件来说，它们都由远程的 Git Server 负责版本管理的工作。

上述工作可以在传统的为读者朋友们熟知的 git push/git pull 命令中进行维护，而实际的数据同步工作则由 dvc push/dvc fetch 来完成。这些 dvc 命令会在实现建立好数据存储关联关系中的远程数据存储服务（比如 AWS S3、Azure、企业私有云 SSH 通道）中进行具体的数据同步工作。

需要注意的是，以上介绍的是数据版本控制 dvc 工具的基本使用方法和结构原理，对于大型数据文件的管理，则需要根据数据文件的存储方式来进行特定的优化和处理，比如使用 NAS 存储、shared Cache 缓存等技术来支持数据版本的管理工作。

5.3 小结

本章介绍了支持机器学习模型服务和推荐服务的工作流过程和相关组件。在之后的内容中介绍了封装和部署相关机器学习模型所需要的镜像容器技术和相关架构。在机器学习模型评估过程中，需要对特定类型的若干种机器学习模型进行选择和评估，据此对机器学习模型的参数评估选择和根据业务场景进行参数化扩展的内容进行了介绍。

本章还介绍了实际的机器学习服务生产环境中，针对数据集更新、性能提升等要求下，需要对机器学习模型进行版本控制的内容，其中包括了机器学习模型代码的版本控制、模型依赖的版本控制、数据版本控制和其他模型相关的版本控制。

对于实际的机器学习模型工作流来说，由于其直接受到业务场景和客户数据输入的持续影响，因此保证其运行的可靠性和持续性非常重要。

第 6 章

商业化推荐服务的绩效 KPI 体系设计

首先，在产品战略计划的制订和产品设计之前，按照一般的产品管理流程，竞品分析就早已经开始了。这是大家所熟知的流程标准。软件服务的竞品分析和绩效 KPI 指标的相关内容之所以放在这里讲述，是有一些考虑的。

第一，竞品分析是贯穿产品生命周期的几乎所有阶段的，并不是在产品设计研发之前做完就不再进行的工作。但是，对于部署在云服务平台之上、功能特性不断变更和改进的推荐服务系统而言，我们需要特别保持"边跑边看"的状态。就像跑步一样，既要一直努力向前保持自己的奔跑节奏，同时也要时不时地左右扭头看看竞争对手的情况。

第二，集团公司高层设计的绩效 KPI 一般分为两个部分，即表示通用绩效考核的 KPI 指标和适合特定部门和产品线的绩效 KPI 指标。

而对于像推荐服务这样比较前沿的互联网平台应用来说，除了能够量化地帮助实现公司的绩效指标增长任务，主要的评价标准往往是通过"横向的比较"来实现的。即所谓"相对绩效 KPI 指标"，而有效衡量和考核这种类型的绩效 KPI 指标，往往又是通过竞品分析和服务绩效对标工作来实现的。

因此，我们在这里特意把绩效 KPI 指标和竞品分析放在一起讲。从而创造出一种有较强关联的氛围。

6.1 竞技场中的对手：竞品分析

在了解竞品分析之前，我们首先需要了解行业。行业其实就是一个竞技场，就是由关注于特定的客户群体，针对特定类型问题的解决，并且在此过程中期望产生商业价值的公司组成的一个竞技场。在行业分析中，我们关心的主要问题就是客户需求和产品运营。

除了企业自身对于客户需求的捕捉和挖掘外，产品构造、维护和运营也是对客户需求和客户实现价值的综合体现。在这一过程中，由于特定的行业中一定不仅仅存在一家企业提供相关的商业价值，因此我们也会比较关心其他的企业对这

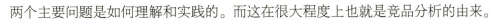

第 6 章 商业化推荐服务的绩效 KPI 体系设计

两个主要问题是如何理解和实践的。而这在很大程度上也就是竞品分析的由来。

究竟什么是竞品分析,相信读者朋友们多少有所耳闻。从字面意义上理解,就是通过各种信息收集的手段,对市场上与本产品同时存在的竞争对手的产品进行分析,得出竞争的优势和劣势的分析报告,发现产品的差异化特点,同时感知到潜在的市场威胁,从而帮助改进自己管理的产品的各方面,促进相关的产品战略与营销计划的实施。

而我们在观察竞争对手的产品服务时,为了能够准确和全面地获得相关的竞品信息,其实需要从多个层面来调查分析。

获取信息和分析信息的几个方面如下所示。

- 竞品的功能和表现如何?
- 客户是如何看待竞品的?
- 竞品的市场表现是如何做到的?
- 竞品选择当前发展战略的驱动力和原因是什么?
- 竞品的下一步发展方向估计是怎样的?

围绕着上面这些方面去收集竞品信息,然后经过讨论和搜索相关的详细资料,往往就能把握住竞品分析的核心内容。

有时我们会听到一些关于竞品分析的观点,认为竞品分析过于简单,没有多少用处,而有些朋友则认为竞品分析太复杂,投入不少人力,但是收效甚微。

因为对竞品分析有不同的声音,所以有另一种观点在业界中流行,即"不用关心你的对手,只需要研究你的客户需求就行了。"

其实,这些观点都有一定的道理,因为行业和专业领域的不同,面对的客户规模和客户需求也不尽相同。所以,每一种观点都有支撑它的成功案例和相关经验沉淀。我们需要找到适合自己公司的商业模式、客户类型和特点的竞品分析框架。

这里,之所以称为框架,是因为我们经常会觉得团队中有些成员非常善于收集信息、善于分析和比对,也善于得出合理可行的应对方案。所以,作为团队的领导者，需要及时观察和整理这些分析经验，然后把它们积累、梳理和整理出来，充实为相对标准的竞品分析培训流程，帮助团队成员培养起相对专业的竞品分析意识和分析技能。从而帮助团队更好地理解产品、理解市场和了解竞争对手。

竞品分析框架包括以下几方面。

- 竞品分析信息收集方法和途径。
- 竞品分析信息分析方法和工具包维护。
- 竞品分析和市场趋势综合研判方法。
- 竞品与团队产品特征交叉实验与验证方法。
- 竞品分析标准化培训方法和流程。

当然，每个团队的竞品分析和市场分析的目标、范围和分析程度都有所不同，这里推荐从竞品分析框架这个角度去逐步搭建适合团队产品定位和发展战略的一整套方法和流程，因为通过标准化的途径，可以在人员流动的前提下，保证团队能够持续有效地输出竞品分析。

正如本章前面提到的，竞品分析是一个"边跑边看"的过程，因此做好竞品分析会带来一系列的好处，在这里与读者朋友们强调一下，也是从另一个角度给竞品分析的方法创新提供新的思路。

竞品分析的收益来自于图 6-1 所示的几个方面。

- 图 6-1 提高竞品分析专业水平的有益方面

下面，针对竞品分析的过程，分几个方面来详细谈一下。

首先，从产品团队领导者的角度来讲，对特定竞品的分析，需要了解特定竞品的相关信息，这些信息可以通过以下途径进行收集和研究。

- 作为普通用户，研究竞品平台的推荐服务内容和相关特征。
- 阅读相关竞品所在公司发布的业绩和销售相关的财务报告，以获得对方的市

第 6 章
商业化推荐服务的绩效 KPI 体系设计

场规模信息。

- 阅读相关竞品所发布的功能特性并与业界最新研究成果进行比对，研究其可能的发展方向。

竞品信息的收集和研究工作如图 6-2 所示。

竞品服务内容和特征	竞品相关的财务和市场规模信息	竞品服务与业界前沿成果比对其发展方向
• 竞品服务的流程体验 • 竞品服务的服务差异化特征 • 第三方咨询公司的产品与市场报告	• 竞品公司的财务报告 • 竞品客户的业务领域背景和使用调查报告 • 第三方咨询公司的市场分析报告	• 竞品服务的功能/特性的整体设计和演进模式和规律 • 业界前沿的研究成果报告 • 自有团队/第三方咨询公司的产品发展方向报告

- 图 6-2 竞品信息的收集和研究展示图

获取了上述的丰富而大量的竞品信息和资料之后，首先需要在大致方向和宏观上进行一个战略研判，然后再向深度上细化分析。

相信读者朋友们都已经熟知了 SWOT 矩阵分析工具，可以帮助团队在较快的时间确定当前计划的产品所处的位置。

> 产品服务的竞争情态分析，可以在团队内以定期研讨会的形式作为前置活动开展，并且需要保证定期举行，以适应产品服务市场动态快速变化的特征。

这里需要注意的是，我们放入 SWOT 矩阵中分析的并不是"我们团队设计的推荐服务"这样的名词，而是产品中代表的一整套对于产品当前状态收集、分析和阶段性结论的文档集合，即"我们的产品的当前状态"。我们把"产品的当前状态"放入 SWOT 矩阵中进行分析，才能得出较为客观并具有可行性的结论，见表 6-1。

表 6-1 SWOT 矩阵分析工具

	优　势	劣　势
机会	寻求适合优势的机会	克服劣势寻求机会
威胁	利用优势克服威胁	建立克服劣势的防御计划

通过上述的 SWOT 分析，我们会得出宏观上的决策把握和一种对产品相对位置的"感觉"。这种由数据和材料支持的"感觉"非常重要，因为在下一阶段，它会帮助我们把若干个竞品进行统一的比对和对标，帮助我们建立产品与若干竞品之间的相对位置的"地理坐标系统"，从而为产品短期的运营与改进和长期的产品特性和营销方案的规划提供宝贵的经验和决策支持。

具体来说，我们会根据产品服务的优势提供具有侵略性的攻击策略，也会根据产品服务的劣势方面采取相应的防御策略。当然，根据具体的市场变化情况，这些策略也会在需要的时候互换。总而言之，就是希望能够尽可能找到潜在的商业机会，从而维持或者改变产品服务的市场地位，如图 6-3 所示。

基于上述流程进一步讲述，我们需要展开更全面广阔的视野，对于细分市场中的若干个竞争产品和服务进行综合分析。在业界，我们会参考咨询公司 Gartner 公司的"魔力象限"来查看各个公司在特定软件细分市场中的位置，如图 6-4 所示。

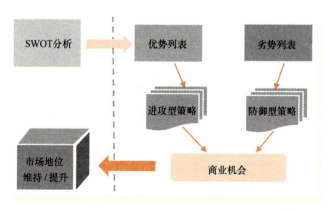

- 图 6-3 由 SWOT 分析导出的攻击/防御策略和最终的商业机会示意图

第 6 章 商业化推荐服务的绩效 KPI 体系设计

● 图 6-4　Gartner 魔力象限示例图

在 Gartner 魔力象限图中，会把在特定软件细分市场（比如数据库市场、数据仓库与商务智能市场、服务器市场）的各个竞争公司，通过产品线、市场占有率、营收情况等多个方面进行综合比较，经过充分评估之后，把各个竞争对手近期（往往按照年度进行评估）的产品表现和竞争力放入如下四个象限之中。

（1）行业领军者

顾名思义，行业领军者就是其在对应的软件细分市场中有很大的市场占有率，同时产品的客户满意度和产品未来的预期发现情况都相对稳定，并且一定程度上定义了本产品市场的事实标准和发展方向。

（2）挑战者

挑战者指虽然还没有像行业领军者那样在当前软件细分市场上占有相当的市场地位，但在某些方面已经有追赶甚至超过行业领军者的势头，对行业领军者构成相当威胁的企业。

(3) 具有商业远景的竞争者

具有商业远景的竞争者是指虽然在体量、规模和产品成熟度上还比不上行业领军者和挑战者，但是从市场预期的长远发展上看，具有比较广阔的商业前景，让人值得期待的企业。

(4) 具有商业机会的竞争者

这类竞争者往往是刚刚进入这个软件细分市场的初创公司，它们的产品在某些方面有一些令人耳目一新的特性，经过评估是具有一定的商业机会的，但是在市场上的影响力还比较小，后续的发展还需要再观望。

通过上面对 Gartner 魔力象限的研究和观察，我们就会得到一定的启发，即对于自己公司的产品服务，经过针对其他多个公司的多个竞品的分析之后，也可以通过借鉴 Gartner 魔力象限得出属于自己公司的"定制版"的"竞品分析魔力象限"，从而帮助我们提升整体的竞品分析水平。

订制版的公司产品的竞品分析魔力象限如图 6-5 所示。

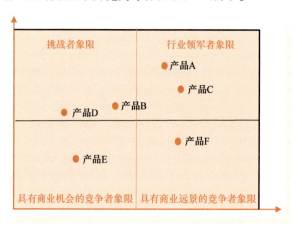

- 图 6-5 订制版的公司产品的竞品分析魔力象限图

通过上面产品的竞品分析魔力象限图，我们可以对市场上的竞品有一个较为全面的了解。接下来，我们需要回答这样一个问题，即"特定的竞品和我们的产品相比，差异化究竟在哪里？"

能够回答这个问题，实际上就是找到了产品之间的优势与劣势存在的诸多原因，相应的改进方案或者防御性方案也就不难得出了。

产品差异化的分析方法可以从如下几个具体的方面进行。

（1）降维差异

降维差异是指本产品所独有的、其他所有的魔力象限图中的产品都不具有的产品特性，这往往与特定的产品经验、特殊的产品商业机密有关，也是公司部门需要特别保护的地方。另外，之所以称之为降维差异，就是因为这样的产品特性对于客户来说，也是提供核心价值的来源之一。

（2）可对标差异

可对标差异表示各个竞品之间都具有的产品特性，只是在产品的性能表现、表现形式方面有所不同。对于客户来说，可以根据客户的成本预算、产品的定价方案和客户对产品的表现接受度针对差异做出不同的选择。即我们常听到的"一分价钱一分货，这个产品确实性能很好""虽然这个产品不如那个产品，但是还是能用很长时间的"这样的客户评价。

可对标差异对于不同的竞品来说，也是可以量化的，即从根本上不存在"有与没有"的问题，而仅仅是指标数值上"多与少"的问题。

因此，这类差异需要特别注意，稍不留意，可能就会被竞争对手的产品在产品指标数据上赶超过去。

（3）体验性差异

体验性差异是从客户角度设定的差异因素。这种差异看上去没有可对标差异那样容易量化，它是从客户角度对不同产品在产品使用体验感受和产品提供的客户综合实现价值上的评估。这种差异性往往通过客户调查访谈，或者委托第三方咨询公司以匿名的形式来提供相对量化的考核指标和相关报告。

体验性差异在竞品分析中也需要得到足够的重视，特别是在竞争激烈的某些细分市场中，降维差异一般情况下是不存在的，而可对标差异由于资金投入、人才培养、营销方案的执行效果等方面的此消彼长，也不能让企业一直保持绝对的领先。

因此，加强客户的产品体验，提升客户对产品的综合使用价值观感，对于扩大体验性差异，从而帮助产品赢得市场青睐就具有意想不到的价值和收益了。

针对上述的各种差异分析方法和相关工具，我们在竞品分析的迭代过程中，需要经常向产品团队自身提出如下的问题。

- 降维差异是否已经得到了足够的商业机密保护？
- 根据市场分析和前沿研究成果报告，降维差异估计可以在多长时间和范围内继续保持？
- 可对标差异的优势应该从哪些方面、以何种成本可以接受的形式继续保持？
- 可对标差异的可观测波动应该如何控制在能够影响受限的范围内保证产品的营收和利润？
- 体验性差异的实施方案是否能够得到定期的评估？
- 体验性差异的实施效果是否能够得到客观的评估，并及时得到反馈和改进？
- 结合降维差异、可对标差异和体验性差异，如何持续改进产品的差异性报告结构？

在竞品分析实施的关键步骤中，对于上述问题的慎重准备和回答，都会对了解自身公司产品的定位、竞争优势和具体有效的改进方法都是具有商业价值的指导。

6.2 让服务运营交付保持状态：绩效 KPI 指标体系

对于企业绩效 KPI 指标，相信读者朋友们觉得既熟悉又陌生。因为它伴随着我们的产品生命周期和项目管理周期，在日常的设计和实施工作中，它是我们进行决策和行动的重要依据之一。

但是对于如何设计合理客观的绩效 KPI 指标，很多人可能会有一些概念模糊的感觉，认为绩效 KPI 往往就是通过绩效指标培训和借鉴其他公司企业的指标体系，

第6章 商业化推荐服务的绩效 KPI 体系设计

再结合本公司的具体情况和业务背景进行修改之后就上线使用了。

在这里,我们就试着与读者朋友们探讨一下,如何清晰地划分各类绩效 KPI 指标的概念和界限,帮助我们可以自己设计出适合自己产品服务的绩效 KPI 指标,让我们的推荐服务商业化之路走得更加踏实沉稳。

我们知道,企业决策层再结合行业市场情况和竞争对手以及客户价值分析之后,会制订一些关键的目标,比如明年的销售额、利润率、市场占有率和营收增速等。

大家想一想,这样的目标其实是由多个部门(包括市场部门、设计部门、研发测试部门、销售部门、工程实施部门和客户服务部门)共同完成的结果。上述的这些目标有两个共同的特点:第一、它们是行动之后的成果;第二、它们是跨部门跨团队协作的成果。

因此,这些指标非常关键,但是它们并不是绩效指标,而是成果指标。因此它们应该成为"关键成果指标",而不是"关键绩效指标"。

那么"关键绩效指标"是哪些指标呢?不要着急,让我们回过头来,从"成果指标"说起。

"成果指标"和上述的"关键成果指标"所有区别,"关键成果指标"是公司最高层和投资人所关心的指标,是公司年度运营的最终结果。而"成果指标"是公司内一部分部门或者团队协作的结果数据。比如对于客户的商品质量投诉,在客户服务部门和物流部门的配合下,商品更换的时间和满意度可以达到一个预设的比率,那么这个指标就是一个成果指标。

> 如果向基层或一线员工设置了成果指标,那么成员的目标与责任的清晰度就会大打折扣,并且可能会出现为了指标数据而"堆砌数据"的相关活动,对团队的长期表现造成较大的影响。

而"绩效指标"就是那些"非成果"的指标,那些可以供各个部门各个环节的成员操作的指标。比如公司的大老板肯定不会握着一位员工的手说:"请努力实现明年营收增长率20%的指标。"反之，部门的领导会这样说："小王，下个月物流货车的准点发车率必须提高到95%。你是物流调度员，你可要把好关啊。"这样，员工就会非常清楚自己应该做什么，那就是协调资源，做好调度，保证这个绩效KPI指标的实现。

相信现在大家应该明白了成果指标和绩效指标之间的差异和彼此的联系。

用图示来说明的话，就是我如果需要结果域的目标值（成果指标），就需要转换到行动域的量化值（绩效指标）上才能得到实现，如图6-6所示。

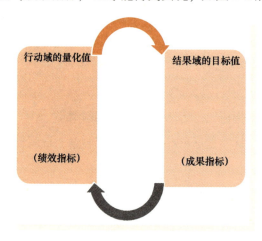

• 图6-6 绩效指标和成果指标的相互转化关系示例图

分享到这里，大家就明白"关键绩效指标"的含义了，它就是对于公司的战略发展而言贡献最大的几个核心的成功要素。比如航空公司的飞机按时起降率，物流公司的货车满载率和空车率等。围绕着公司的关键成功要素，再把关键绩效指标按照协作流程和一系列行动进行分解，分配到各个相关部门和团队中去执行，即把公司的关键成功要素贯彻到了各个一线岗位，这样的绩效KPI才会有实际效果和可供分析汇总的参考价值。

另外，还有一个方面需要特别留意，由于绩效指标是对各个部门执行分解任务和行动的直接考虑，因此绩效指标的记录频度需要足够细粒度，要根据实际的业务情况，比如按照天、星期、月来进行测量和记录。

第 6 章
商业化推荐服务的绩效 KPI 体系设计

因为关键成果指标是投资人和大老板关心的数据,而管理层就像大船的掌舵人一样,他们需要观察和感知到航线、船体稳定的任何有影响的情况变化,如果绩效指标测量观察周期过长,那大船早已偏离航线,这样就没有什么管理和调整的意义了。

通过上面关于成果指标和绩效指标的探讨,相信读者朋友们已经能够感受到它们的区别和联系了。基于上面的分析和探讨,希望对大家平时各自的业务绩效指标体系的建设有一些参考价值。

接下来,我们需要厘清几类不同的绩效 KPI 指标,然后指出本书重点关注和描述的类型。

其实,经典的绩效 KPI 指标有如下几种类型,见表 6-2。

表 6-2 经典绩效 KPI 类型和示例

绩效 KPI 类型	典型绩效 KPI 示例
产品/项目/项目管理	按照进度计划和预算要求完成项目的数量和项目情况,延迟进度达到 1 个月的项目数量和项目情况
设计/研发/商业知识产权	下个季度客户变更二级以上需求的次数,下一年注册专利的数量
财务绩效/部门财务指标	部门产品线各产品的利润率和综合利润率
客户沟通/客户服务/品牌认可	下个月计划实施客户体验调查报告的日期和次数
订单处理/定价反馈/服务质量	客户订单应答的最长延迟时间
库存/供应链指标	下个月推荐商品出现缺货的商品种类和商品情况
员工与公司关系/员工满意度/员工在岗情况	业绩连续两年达到优秀的员工人数和个人情况说明
聘用/培训/转岗	发出聘用邀约,7 天后没有得到响应的人数和个人情况说明
应急处理/故障恢复/灾备处理	系统应急响应的平均应答时间

当然,集团公司的规模和部门结构的复杂性不同,实际中的绩效 KPI 非常繁多,大体上是从公司层面到子公司层面、到部门层面、到团队层面的逐渐细化的绩效 KPI。同时,从另一个视角上,按照职能和岗位职责,又会根据财务、行政、供应链、运营、人力资源、客户关系管理、生产制造、设计实施等多个方面进行绩效 KPI 设计。它们并不在本书讲解的内容范围内,但是从视角的划分上,对于产品服

务的绩效 KPI 具有参考意义。

为了本书描述的推荐服务的绩效 KPI 指标可以为大家所应用和参考，我们需要在以上的经典绩效 KPI 指标中做出合理的抽取，同时推荐服务为设计的绩效 KPI 共同组成了可供参考的绩效 KPI 体系。在这个组合的绩效 KPI 指标体系中，通过三个方面的描述来实现对推荐服务的全面记录跟踪和及时反馈。

需要注意的是，绩效 KPI 指标体系中的各个指标的数据来源，有些属于通过团队自己开发和维护的工具收集而来，有些需要调用其他部门和团队的接口来收集，还有些需要公司管理层协助完成。

对于组合的绩效 KPI 指标体系中的各项指标，我们在这里只选取那些会直接影响推荐服务绩效的指标，而对于那些间接影响的指标和跨团队协作的成果性指标，我们在这里不作说明。

组合的绩效 KPI 指标体系由三部分组成：推荐服务客户绩效指标、推荐服务功能绩效指标和推荐服务资源消费指标。

组合的绩效 KPI 指标体系如图 6-7 所示。

推荐服务客户绩效指标	推荐服务功能绩效指标	推荐服务资源消费指标
• 下个月通过各类型推荐页面进入购买结算流程的客户数量和客户分布情况 • 下个月购物车推荐页面未实现服务推荐转化的客户数量和客户分布情况 • 下个星期35%的客户在推荐页驻留平均达到3~5秒的推荐页类型和商品品类分布情况 • 下个月客户在平台推荐服务质量调查表中的评分分布情况	• 下个月触发推荐服务接口调用的其他平台服务的类型和次数 • 下个月推荐服务接口拒绝调用服务的次数和对应平台服务 • 推荐服务分类算法库中算法被识别和使用的类型分布情况 • 下个月客户使用推荐服务不同推荐类型的触发次数和类型分布情况 • 下个月推荐服务各子服务正常调用和返回的次数和调用分布情况	• 下个月推荐服务使用数据库和数据仓库的接口调用次数 • 下个月推荐服务使用云服务供应商资源的服务器实例、磁盘存储容量和费用情况 • 下个月推荐服务使用云服务供应商网络带宽的使用量和费用情况 • 下个月推荐服务使用第三方加密和授权访问的调用次数和费用

• 图 6-7 组合的绩效 KPI 指标示例图

当然，这里列举的只是各自类型中的若干 KPI 指标示例，在具体的绩效 KPI 设计和规划当中，会有详细的绩效 KPI 列表，从各个方面对产品的客户服务质量，产品服务的功能和性能以及产品服务的资源消耗和成本计量进行客观合理的测量和记录。

需要指出的是，在工程实践当中，团队需要建立对应规模的绩效 KPI 指标数据库，把历史记录当中的指标数据进行记录和存储，方便在后面的产品服务演进过程中查询、分析，为后续的绩效数据上报、产品决策等工作提供支持。

获得系统性的推荐服务绩效 KPI 只是第一步，后续最重要的是根据相对落后的绩效 KPI 指标数值进行逆向分析，即通过绩效 KPI 和对应的问题描述，找到造成问题的可能原因，然后通过逐项分析和讨论的方法，最终找到在成本和时间允许的情况下，最关键的能够扭转绩效 KPI 指标数据的核心原因，从而为提供改进方案铺平道路。

在工程实践中，用来分析问题和原因的过程经常就是这样的场景：大家在一起举行若干次讨论会，拿着各项数据表格等资料，先列举各种能够想到的原因，再通过现场或者线下的数据分析和过滤，然后整理成相对完善的图表，为最终找到最关键的若干原因提供支持。

最常使用的就是大家熟知的鱼骨图，如图 6-8 所示。

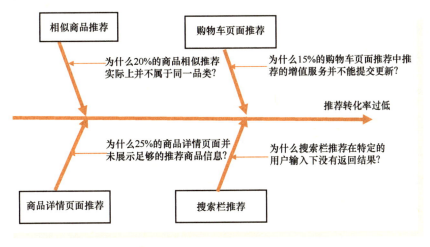

- 图 6-8 分析绩效 KPI 数据背后原因的鱼骨图示例

借助鱼骨图等分析工具，并经过团队的讨论后列举出各个子服务中的各自原因，并把所有的原因进行汇总，然后给列举出的原因和对应的现象进行加权评分，通过选择出权重最高的若干个原因及对应的现象来寻找相应的技术改造方案或者改进现有流程等方面的解决方案。

简单来说，就是需要经过三个阶段的过程来获得最终改进绩效 KPI 的途径，如图 6-9 所示。

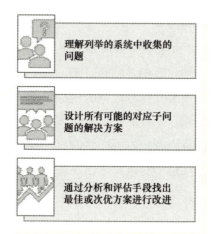

● 图 6-9 寻求改进 KPI 绩效指标的三个阶段示例图

在寻求改进 KPI 绩效指标的过程中，需要兼顾多方面的指导原则，这些原则不仅要牢记于心，而且能够想方设法将其转化为可行性的实施规则。

1）以公司和团队领导者作为起点去做出围绕绩效 KPI 改进和持续优化的承诺，并且亲自监督实施。这样做的好处就是，当改进过程遇到资源和执行上的困难时，很多问题可以在统一协商和资源协调的关键节点上得到快速而高效的解决。

2）产品所属部门或者团队专门选取特定的成员来负责绩效指标改进的跟踪、记录和反馈工作，这些成员直接向部门或者团队领导者汇报。他们也负责部门或者团队的直接绩效指标的初步定义和重构的工作。

3）通过持续的培训和有效的沟通，结合各方面的案例培训来培养成员以实际有效和直接的绩效来驱动和思考日常的产品设计实施工作。有效的沟通也代表着基

第 6 章
商业化推荐服务的绩效 KPI 体系设计

层的成员可以把各自的建设性意见直接在团队的绩效评议会中进行讨论。

4）最为重要的一方面就是绩效改进工作的阶段性成果一定要和成员的个人薪酬奖励相结合，通过激励机制和绩效业绩两方面的推动，使之成为团队成员个人事业成功的助推手段。

6.3 小结

本章主要讨论了商业化推荐服务中涉及的绩效 KPI 指标体系定义以及推荐服务竞品分析相关的内容。我们需要再次强调，本章之所以把绩效 KPI 指标体系与竞品分析放在一起来介绍，主要因为商业化推荐服务的相当一部分绩效 KPI 指标在快速迭代和需求持续更新的业务背景下，往往对于绝对的绩效指标数据并没有特别的实际指导意义，结合竞品分析得出的对标态势相关的指标或同业比对指标，却往往能够为产品服务在市场中的位置变化和产品创新提供重要的参考依据。

另外，本章通过对产品的竞品分析魔力象限图工具进行应用，可以帮助客户经常性地回顾和重新思考产品的竞争优势和劣势，以及其在市场位置背后所支撑的原因和相关需要的资源条件，进而不断对产品服务的迭代更新提出更高的要求，保持产品服务在相应细分市场中的竞争优势。

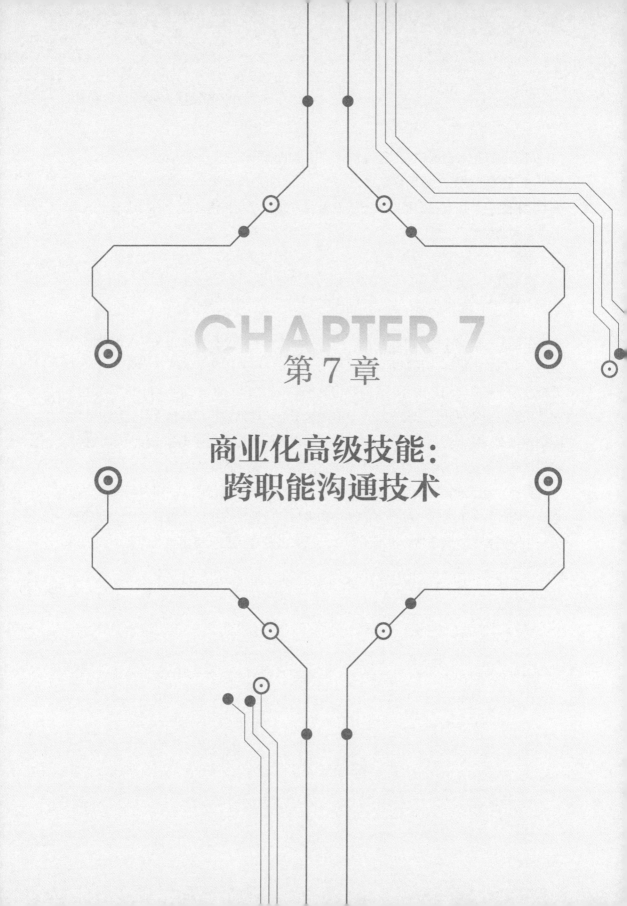

CHAPTER 7
第 7 章

商业化高级技能：
跨职能沟通技术

第 7 章
商业化高级技能：跨职能沟通技术

商业化服务的实现需要跨职能团队的密切协作，在这一过程中，合理有效的沟通成为产品服务顺利推荐的有力保证。因此，对于产品服务团队的领导者来说，虽然一些团队成员来自其他部门或团队，或者需要其他部门或团队的协助，但是这些成员具有不同业务背景和不同利益关切出发点这一特征，我们必须牢记于心。

在实现产品服务顺利开展的过程中，跨职能的团队成员具有如下的角色，需要我们加以了解，如图 7-1 所示。

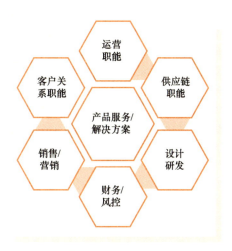

● 图 7-1　为产品服务实施构建的跨职能团队组成示意图

7.1　围绕商业价值的技术营销

如果我们跳出本产品服务的视角，从集团公司的产品线、产品组合中来看，商业化的产品服务其实只是其中的一个点。这就意味着两个问题：第一、产品在产品线上，可能目前是明星产品，也可能还默默无闻，或者处于缺乏支持的困难境地，总归是孤立的；第二、产品服务如果想要生存下去，并且发展得很好，来源于两个方面的支持，即高层的重视支持和内外部客户的认可。

对于内外部客户，针对内部客户，我们可以通过跨部门合作、产品项目互助配合，形成产品组合或者功能集成或者技术支持等多种方式推进，总归是在基本的"价值互换""合作共赢"的指导原则下实现。

其实，内部客户往往才是我们自有产品的第一批客户和"试金石"。在沟通效率和沟通成本上，内部客户都要显著低于外部客户。另外，从公司整体的发展战略上来说，具有共同的发展目标。虽然不同部门之间存在现实的差异化的利益区分，甚至有不同的业务绩效 KPI 考核指标和标准。但是，因为两者同属于一个集团公司之下，具有共同的关键绩效指标体系，因此在一定程度上一定能够找到可以互相合作和供应的合作机会。

从现实角度讲，虽然内部客户的挖掘十分重要，但其往往容易被技术导向的产品团队在一定程度上忽视，因此这里提供一些经验供读者朋友们参考。

实现自有产品服务的内部客户挖掘和商业合作机会拓展，可以分为如下四个方面：让产品走出去、把客户引进来、把客户留下来、与客户共同开拓商业机会，如图 7-2 所示。

• 图 7-2 开拓内部客户的流程示意图

第一、让产品走出去。即事先准备好自有产品服务的相关产品说明、功能与商业价值文档、服务演示等方面的内容，然后通过公司内部的各种产品分享会、技术创新会和市场分析研讨会，积极接触跨部门的（比如市场部门、营销部门、数字化服务部门等其他部门共同参与）的互动，介绍和推广本部门产品服务的功能、服务的客户群体、使用的集成接口和集成工具以及可能带来的商业价值和市场机会等内容。首先引起内部客户的兴趣，提升进一步沟通的可能性。

第二、把客户引进来。即通过初次的沟通和了解，后续进行较有深度的商业沟通，比如市场部的某些客户原型系统，需要推荐服务的深入赋能来帮助客户实现渠

第 7 章

商业化高级技能：跨职能沟通技术

道的高效转化，提高定制化服务水平。这样，在把客户引进来之后，就需要与内部客户探讨和确定推荐服务的集成方式，接口是否需要一些额外定制，如何在保证客户商业机会及商业机密保护的前提下，提供有效而能够实证的推荐服务的商业转化效果的评估方法和后续跟进的方案。

也就是说，把客户引进来，不仅是在第一阶段"初次接触并了解产品"这个层次上踱步，而是结合具体的跨部门合作的业务要求，通过通用集成和应用方案，或者需要添加额外的定制步骤来帮助内部客户实现其业务需求，从而为后续持续的合作和产品服务在这个商业转化过程中的推广起到助推的作用。

第三、把客户留下来。在与客户进行第一次成功的原型集成与示范之后，双方都看到了商业机会的前景，这就为跨部门的价值互换和合作提供了坚实的前提。在这样的基础上，就需要后续持续的运营，包括继续挖掘内部客户的商业案例与本产品服务的合作集成机会，以及在运营层面的定期会议，这包括以下方面的内容。

- 内部客户通报其可供分享的市场、竞品、客户商业信息与潜在机会。
- 产品部门提供可供分享的产品功能及特性计划与商业技术前沿信息。

这样，在双向合作的前提之下，产品部门与跨部门共同实现各自的商业价值，同时可以为公司的战略发展提供跨部门的竞争优势。

第四、与客户共同开拓商业机会。这一点也十分重要，具体来说，就是在与内部客户及相关部门建立持续的、基于信任关系的合作基础上，帮助内部客户通过提供的技术手段和科技赋能，对相应的内部客户关系进行管理，帮助内部客户成功（就像帮助外部客户成功一样），并且获得内部客户的持续反馈，从而帮助自有产品服务的改进和提升，为给外部客户服务提供助力和可行性保证。

而对于外部客户，更是有丰富多样的软件市场营销方法和执行方案来一定程度上提升外部客户的认可与支持力度（这里的前提是本身的产品服务很过硬）。

而对于第一条，即高层的重视支持。我们觉得有必要具体讲一下，以期能够帮助读者朋友们在各自的公司与领域中推进各自的产品技术构想和计划。

> 对于集团公司的 CIO、CTO 或者技术部门领导者来说，在集团公司内部适时地开展各种招待活动，普及和加深创新技术作为公司核心竞争力的理念，对于拓展产品技术团队的影响力有重要价值。

作为集团公司的高层领导，他们通常通过两个方面来了解下面的情况：一方面就是听取各种汇报和读取各种经营财务报表；另一方面就是通过各种产品推广大会或者产品创新大会来了解情况。

那么作为一个默默无闻的产品，如果希望得到高层的了解和重视，就需要通过"直径"和"曲径"两条路来尝试。

"直径"就是产品团队的领导者抓住任何可能的机会，在集团公司内部推广营销自己的产品服务，包括但不限于以下的途径。

- 参加集团公司或者业界有影响的产品创新大会，最好会后可以进行汇报。
- 积极推进本团队软件服务在集团的通用平台上的使用和推广，即在内部创造影响。
- 如果本团队的影响力暂时弱小，可以通过"价值互换"等方式，联合有影响的团队共同推广产品，有时产品服务会独立出现，有时会采取集成的方式来展现产品。

当然还有很多其他的途径和方法，总归就是要"走出去"，抛弃"酒香不怕巷子深"的想法，因为产品服务就是要让更多的人使用，才能被更好地推广，才能获得更多的反馈来改进产品，同时提高获得高层关注和支持的可能，为未来产品的发展提供积累。

7.2 在需求管理中有效沟通

在产品服务需求管理的过程中，沟通的方式方法其实很大程度和与面对的利益

第 7 章
商业化高级技能：跨职能沟通技术

相关者（Stakeholders）有直接的关系。我们认为，在产品服务的需求沟通之中，由于多个业务领域的相关人员的加入，使用灵活的沟通方式非常有用。

设想一下，团队有好的想法，但是得不到高层的重视和支持，或者在与跨部门团队合作过程中经常遭遇阻力或者其他各种令人感到步步维艰的情况。这都需要我们对利益相关者这个"人"的角度有足够的重视。

对于软件服务需求管理而言，我们需要设计实施的企业商业化推荐服务虽然根据企业的商业模式和部门体系复杂度有所不同，但是对于利益相关者来说，都有很类似的方面，见表 7-1。

表 7-1　产品服务的利益相关者列表

产品服务的利益相关者	角色特点
产品决策者和发起者	确保产品的预算支持和人力支持，需要定期汇报产品的进度并定期进行产品功能展示，保持产品推进的信心
高层支持者	产品是否继续进行、是否上线或者退市的最终决策者。需要定期给予产品相关的市场报告和竞争对手产品报告的相关更新，并定期进行产品功能展示，保证可以获得帮助产品推进的集团公司的资源支持
咨询类业务领域专家	需要频繁保持联系的领域专家，一方面需要建立领域专家定期寻访产品相关文档和功能的机制，以保证在尽早发现问题并改进；另一方面需要为产品获得客户需求难以落地或解释的时候，找到可以理解和技术转化的出口
实际使用的客户	作为软件服务的最终使用者，是评判软件服务是否可用、是否达到预期的重要评审人和利益相关者； 需要在需求收集整理阶段定期进行有计划的沟通和反馈收集； 需要在产品上线前后保持反馈沟通，一方面尽早发现问题并改进，另一方面为后期的产品功能丰富和性能完善提供助力
业务需求分析成员	业务需求分析成员往往是主导需求管理过程的实际管理者，他们需要协调需求收集、需求整理和需求评审准备等各方面的流程
软件/数据架构设计成员	架构设计成员往往是业务需求分析成员与软件开发团队成员之间的桥梁和接口。因此他们需要同时了解业务领域术语和软件领域术语。而对于公司维护大数据架构的团队来说，数据架构设计成员同样扮演了在业务领域与数据管理领域之间的桥梁和定义描述转换的角色

(续)

产品服务的利益相关者	角色特点
软件供应链的供应商	软件供应链的供应商一般是指为了最终的软件服务交付必须依赖的第三方软件服务供应商,为了提供高度可用和定制化的软件服务,往往需要供应商的适当参与,帮助其了解在供应商领域中需要做出的适配和相关支持,并保持服务的持续性和可靠性

在明确了上述的利益相关者之后,接下来重新回溯为设计实施推荐服务而需要考虑的几个方面:

(1)业务需求和功能需求应该以何种方式收集

提出这个问题,是因为在实际的产品工程实践当中,作为客户往往并不是只懂业务知识而完全不懂技术。因此,为了更好地参与产品设计的需求收集工作,也为了客户自己目标的有效实现,客户往往会在需求沟通中把业务需求与功能需求,甚至技术上的考虑一起讲出来。

作为需求收集者来说,除了做好在现场的记录工作之外,更多的工作是在事后对客户所讲述的各项需求和相关陈述,并做好类型区分和逐项整理。

值得注意的是,由于产品服务此时并未上线,所以一种有趣的情况时常会出现,即在客户业务需求中并未明晰的情况说明,反而在客户的功能需求甚至技术要求中得以反向展现。"他们的意思原来是这样,他们说想让我们用什么技术来做的时候,我才理解了他们的真正意图"诸如这样的感慨,会在需求收集阶段时而出现,如图7-3 所示。

• 图 7-3 需求收集现场的实际情况

(2)需求收集的顺序和需求重排

这个问题之所以重要,是因为在需求收集阶段,我们会与不同的利益相关者交

第 7 章
商业化高级技能：跨职能沟通技术

谈，虽然事先订好了需求调查的列表和条目，但是不同的利益相关者仍然会从自己的角度来分享对系统的不同理解和期望。而且由于每次需求访谈沟通的主题侧重点都不一样，因此最终摆在产品服务设计者面前的仍然是"发散型"的需求集合。这种"发散型"需求集合体现在两个方面：内容上彼此并不完全有所关联，但都是倾向于解释某些统一的主题的内容；以文档、图表、访谈录音、视频等多种存储形式集合。

虽然第一阶段的需求收集中的需求条目具有发散或者称之为"尽可能全面"的特点。但正是因为这一点，才可以为后续需求的整理和重排提供丰富的样例和素材。

需求整理和重排工作可以以这样的方式进行：首先，建立需求内容体系，即我们需要回答的涉及需求确定的若干核心问题；然后在"发散的需求堆"中搜寻提取能够支撑这些核心问题的答案；之后，把剩余的需求素材按照"补充需求"的条目归纳起来，作为未来进阶创新，或者寻找产品新的功能特征方向的起点，如图 7-4 所示。

● 图 7-4　需求收集和需求重排过程

（3）需求体系的内容标注

需求体系在排除内容冗余和业务领域划分之后，需要逐条进行需求条目的标注。

标注的目的，一方面是为了保证每条需求都有迹可循，因为往往在需求管理中我们需要纳入信息管理的技术手段，即把每条需求根据其可追溯的唯一性标注，存储到数据库当中进行管理，方便后期的索引和查询。

另一方面是为了进一步分析需求条目之间可能存在的各种关联关系。这种关联关系往往可以揭示出后续业务解决方案和技术解决方案中的诸多设计关联和组件联系。即能够充分挖掘每一条需求之间存在的各种关联关系，或者是业务上的关联，或者是产品设计与技术实现上的可能逻辑关系。在后面的设计和实施过程中，这些需求之间的关联都会是帮助团队选择产品发展策略、技术选型路线、开发与实施过程中数据的支撑所在。

（4）确定需求评审人

虽然需求体系作为一个整体，在最后将演化为一个功能完备的产品。但是，需求体系内部不同的需求内容，其实对应着不同业务知识领域的经验体现。比如不同品类的商品应该以何种方式进行推荐，产品的消费周期和不用用户的行为分析等内容都需要体现在推荐服务的流程和功能当中。

因此，不同的需求评审人各自负责与自己业务领域相关的需求记录确认和评审。往往团队在自己整理好相应的需求内容体系之后（即把分散的需求条目整理重排之后），还需要根据评审的标准规范要求，把对应于不同业务领域的需求进行划分，提供给不同的需求评审团队或者需求评审人进行评审工作。

这一步骤的必要性，可能有些读者朋友不理解，为什么需要这么大费周章。实际原因有两个方面：第一、需求评审的通过对于产品初期的预算投入和再投资都有直接的作用，是反应产品进度管理的重要指标。对于需求收集和确认的良好评价，对后续产品设计团队与跨部门合作也大有益处；第二、需求评审对于产品设计团队再次确认了解涉及产品各个领域的业务非常有价值。在后续的产品开发当中，当涉及各个领域业务知识的确认时，这些需求评审人都可能是有力的支持者和业务咨询者，如图 7-5 所示。

在需求管理的整个过程中，我们同时需要使用相对标准的描述来定义我们的整个过程，因此结合一些实际产品的经验和读者朋友们做一些分享，希望可以对大家有一些借鉴作用。

第 7 章
商业化高级技能：跨职能沟通技术

需求收集
- 从各个利益相关方获取需求信息
- 需求收集阶段中的需求信息标注

需求整理与需求重排
- 需求核心框架的构建
- 利用需求收集阶段中的需求信息标注建立需求关联
- 需求剩余信息的归档备用

根据需求评审的需求提取
- 确定评审人的各自业务领域
- 从需求核心内容体系中分别抽取各个业务领域的需求内容
- 获得各个领域需求评审人的意见和建议

- 图 7-5　从需求收集到需求整理再到需求评审

在需求沟通中，为了防止业务流程和业务规则描述的歧义，通常做一些这样的描述处理，如图 7-6 所示。

业务流程
- 现有的、当前的流程
- 期望的、未来可能的流程

业务规则
- 是，不是-这样的断言判断
- 只有在，仅当-这样的严格条件限定
- 总是-这样的排他性表述

方案需求
- 希望，设想-这样的建设性意见
- 也许，可能-这样的客户试探性意见
- 这样更好-这样的客户低优先级意见

- 图 7-6　需求沟通的术语标准与语义判断示例

· 159

当然，这里只是简单列举了一些需求沟通的术语示例，在大家平时的业务实践当中，这样的术语体系可以随着产品项目经验的丰富而逐渐丰富起来，并且能够系统性地培训和传播，在团队中形成比较专业的术语氛围。

这样的沟通术语标准的建立和维护，以及对相关需求分析人员的培训和练习，是非常有价值的。因为，通用的沟通术语的集体理解，会在以后的需求沟通和团队需求管理以及与功能技术团队的协调合作中，做到自始至终的需求语义的统一性和一致性。减少了产品设计与开发越到后期越发觉与最初的需求有出入的风险。

在上述需求管理内介绍的基础上，我们会发现相关的内容都需要融入产品服务的各个细节层面，才能够在后续的产品服务发展和进化中得到确切和准确的跟踪和评估。

相应地，在产品上线前的发展初期，我们就需要通过构建一套不断演进和更新的文档记录系统，来规范部门或者团队内部关于产品相关的内容。和前面章节中讲述的指导思想相同，团队也需要为这一套文档记录系统建立版本管理的体系，从而在一些产品发展的关键节点上，能够通过快速试错和及时回退的方式，让产品回归到更合适或者说更有效率的发展道路上。

从内容上，产品文档记录系统可以从以下几个方面进行设计和定义。

- 产品服务的服务对象和服务内容（随着商业机会的不断变化，此项会发生变化和更新）。
- 客户的核心业务案例描述和客户关键需求列表（变化的频度依据不同客户细分市场而定）。
- 产品服务的功能列表（功能需要从组件划分或者资源规划角度进行列举和分类）。
- 产品服务的质量标准矩阵和基准数据参考标准（系统性能依据多版本设计进行关联）。
- 产品服务的运行表现数据集构造（为产品服务上线后的监控和表现数据收集准备）。
- 产品服务的进度时间表（为市场和团队风险控制需要维护多版本的进度表）。
- 产品服务的发展路线计划（仍然在主路线基础上需要提供分支发展说明和相

关标注)。

以上的内容，其实就是在外部市场变化、客户业务和商业价值诉求变更、竞争对手提供服务的更新和内部团队技术能力的发展以及公司内战略决策的变更等方面综合作用下，相应进行的反应式调整和前瞻性预估的结合。对于客户需求的变化，不论是否超出我们的预期和计划，在成本与商业承诺兑现等方面的要求之下，需要在另一个模板内容，即产品服务的功能列表中进行变更。例如由于上述需求的变化，需要对一些功能进行合并，对另一些功能进行分解，又可能需要新定义一些适合客户业务术语和业务场景要求下的新功能。

那么相应地，由于成本、客户应用场景变化导致的相关软件服务资源部署的变化，相关的产品服务的性能数据要求也会在经过初步测试和评估之后做出内容上的调整。由此也会引起产品服务的进度时间计划表的变化。比如时间的推后或者在时间限定不变的情况下，通过添加新的团队成员等方法来实现和保证相关服务的按时交付。

这里用图示的方式（见图 7-7）来展示相关的主题以及相互融合和关联的方式，从而希望能够帮助读者朋友们理解它们之间的密切关系和联动方式。

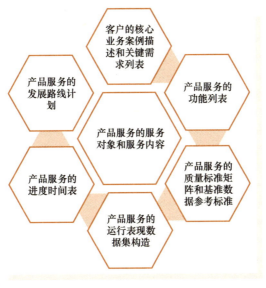

● 图 7-7 持续维护的多版本产品相关信息的模板系统

7.3 让团队在问题的解决中成长

不论我们在跨部门、跨团队协作的哪个过程之中，都有良好的期望，即所有的产品需求管理、设计与实施过程都能够在没有任何阻碍的情况下，在各方的通力合作下顺利圆满完成。

在实现商业化推荐服务的过程中，也许公司是为自有的平台进行推荐系统服务的设计与开发，也许公司是在大客户的委托之下经过咨询与可行性分析和周密细致的需求开发之后，才进行的相关产品服务的设计与实施过程。

在实际的项目过程中是总会遇到问题的。这些问题会阻碍产品服务相关项目的进展，也会消磨掉公司投入资源以及相关成员的耐心和热情。更重要的是，按照市场预期的时机，也许产品服务会错过最佳的上线时间，或者会遇到竞争对手提前的布局而丧失应有的客户和相应的市场份额。

这些遇到的产品生命周期中的各种情况，需要产品团队和技术团队具备相应的沟通问题与解决问题的能力，以及相关的工具技术支持，以此来帮助团队和相关的产品服务走出困境，按照计划和进度完成商业目标。

这一观念应该是团队的每一位成员心中都怀有的信念。虽然不同的环节和不同的阶段遇到的问题和解决问题的方法和最后的结果有所不同，但是这种坚定的目标感和信念应该在每一位团队成员那里贯彻始终。

在这里，我们分享一些适用于产品沟通和相应问题解决的方法和工具，来帮助这一过程的顺利实施。

我们把与产品沟通和问题解决相关的问题类型分为了三类：故障类问题、是否达到标准的问题和是否实现目标的问题，如图7-8所示。

第一种类型，故障类问题。

这一种类型表现为过程中或者系统内部的预料外的错误或者缺陷，可以通过快速捕捉、记录和临时性的改进来弥补和纠正。

第 7 章
商业化高级技能：跨职能沟通技术

● 图 7-8 产品相关问题的沟通与问题类型示意图

比如，需求管理中某一种需求的表述不够准确，通过简单的邮件或者电话沟通，立即对客户的反映做出回应，并及时修改反馈给客户。这样不仅对问题本身进行了更正，同时对客户信任感的培养也有所裨益。

再比如，在团队设计方案评估中，使用原型工具分析发现了一个设计中的漏洞，一种事先没有考虑的情况没有体现在系统结构和相应的时序图中，作为设计中的故障，需要通过及时的讨论和方案的快速确定在相应的设计方案及相关图样中得到补充，并更新相关的文档，做到故障排除和信息一致性的双重保证。

> 设计阶段所使用的问题，即创造性头脑风暴法和多分支试验设计的方法，在产品服务成型之后的故障分析排除中得到应用。

对于多项故障的出现，或者复杂故障的分解任务来说，一般我们可以使用标准的责任分配矩阵来实现对故障分析和解决的职责进行分配，方便与项目管理中的进度管理进行数据对接。即对于相关的故障分析和排除的相关职责，做如下的角色划分。

- 故障解决执行人（Responsible）：负责对故障排除活动进行执行的人。他对故障的排除具有解决能力和解决职责。
- 故障结果负责人（Accountable）：负责对故障排除结果的评审和判定是否完工的人。他对故障的排除具有最终的审核权，往往是团队中的技术或质量负责人，或者为外部的第三方评审人员。
- 故障排除方案顾问（Consulted）：负责在团队进行故障排除的过程中，提供专业性咨询和分析指导等工作的人。
- 故障相关知情人（Informed）：对于故障的相关状态、结果以及过程中产生的数据有权力了解、收集和记录的人。他们对故障排除的过程决策和最终结果没有影响，但是在某些方面和了解这一过程以及结果的相关流程有关。比如故障产生和解决相关的绩效 KPI 的记录和统计方面的人员。

利用上述的角色和相关团队成员的职责划分，我们可以使用责任分配矩阵进行故障解决的进度跟踪，见表 7-2。

表 7-2　用来记录故障排除负责制的责任分配矩阵示意图

	故障解决分解任务 1	故障解决分解任务 2	故障解决分解任务 3
跨职能团队成员 A	R	R	R
跨职能团队成员 B	A	R/A	A/C
跨职能团队成员 C	R	R	I
跨职能团队成员 D	C	C	R

注：表格中 R 代表 Responsible，A 代表 Accountable，C 代表 Consulted，I 代表 Informed。

第二种类型，是否达到标准的问题。

这种情况相对于第一种情况要更复杂，解决方式上相较于第一种故障的情况对产品服务的影响和损害程度也要更大。它表示事先约定的产品标准或者行业规范并没有得到满足。

这种情况常常是由产品部门的内部标准评估团队发现和提出，或者更严重的情况，是由客户的评估团队发现和指出的。不论哪种情况，从各类现象和经验上，这种未达标的问题都会是比较复杂，且需要花费时间和精力进行分析和解决的。

第 7 章
商业化高级技能：跨职能沟通技术

这类问题的解决方案往往需要涉及并行的两个方面的措施：

- 从标准到系统深层细节的分层解构追踪，即在系统的更深层次上把问题和未达标的数据分解为功能上的若干组件或者流程上的若干活动步骤，通过逐一的排查和数据再测试比对，找到是否存在设计、实现或者实施上的漏洞和问题，包括相关的活动绩效 KPI 指标等数据，然后得出阶段性的解决方案，从而接近甚至达到标准。
- 与客户的沟通流程维护。这个方面的措施主要是为了尽量减少甚至避免由于协约中的标准未达标而导致客户信任感降低，引起客户对服务其他方面的质疑，从而影响后续的产品推进进度的流程化风险。

从实践上说，通过临时组织与客户的及时沟通会议、组织相关专家的分析评估会邀请客户技术代表参加、达标解决方案的进度及时汇报（当然也要主要包括公司合理的商业权益）等多个方面，让客户参与到达标标准化与实施进度的流程中来，从而在客户的关切与协助之下，使得不达标准的问题能够得到妥善而及时的解决。

> 故障解决响应和未达标项目的快速反应机制的实施，需要能够尽量减少中间环节，在第一时间直达解决专家团队，并且持续维护好客户反馈和改进流程。

第三种类型，是否实现目标的问题。

这种类型的问题来源于公司对于自有产品的战略规划，即根据市场态势和竞争对手情况自己对自己提出的期望和要求。那么是否能够达到相应的目标，就是一个自我跨越的过程。从具体的指标体系中来看，就是为自己的产品服务设定了需要自我提升的基准与标杆，比如上线后的推荐服务要在一个财务年度从使用规模、用户数量和活跃度中超过市场中现有的排名第三和第二的竞争对手的相应服务。再或者通过财务绩效 KPI 指标，要求自己的推荐服务达到怎样的收入水平和利润贡献度衡量指标等。

对于这第三类型的问题，它的解决与第一种故障类型和第二种标准是否达标的类型有很大的不同。

首先，第一和第二种类型，一定程度上都是"被动型"问题，即有一个被己方或者客户方或者第三方首先发现，之后快速反应和改进的过程。往往是首先呈现出等待问题发现的汇报和沟通的阶段。

而第三种是否实现目标的问题，则是一种"主动型"的问题。它要求对自己设计实施的服务有一种"并不满足"的期望来提升收益和商业价值的主动性诉求。另外，从分析与第一和第二类型问题的关系中，我们也可以看到，如果故障和未达标准的问题没有能够得到及时而妥善的解决，那么第三类型的问题也就不会得到满意的解决。

相应地，这种问题的沟通和解决，就需要在产品服务相关的各个环节、各个时间阶段中都能够尽可能地改进和提高服务和实施的水平，从而最终实现目标。

还记得在第 6 章中所讲的成果指标和绩效指标的内容吗？对于各个相关部门和团队中的各项活动，我们需要设计和如实记录其对应的各项绩效指标，从而将这些绩效指标汇总为最终的结果性的成果指标。有了成果指标，甚至于关键成果指标，就可以判断是否实现了我们最初设定的目标了。

7.4 服务上线运营中的跨职能沟通

在讲述服务上线运营后的沟通内容之前，作为部门或团队的领导者，需要把视角放在产品服务本身的最后集成测试和相关验收当中，因为产品服务的竞争优势目前只有团队或者部门自己知道，这种"产品的好"需要让客户知道和了解，因此需要做以下的准备工作。

1）提前联系公司内部客户或少量信任的外部客户进行产品服务的试用和集成应用评估。

提供产品服务的部分功能或者按照发布计划提供的功能，可以在公司平台内部客户或者部门的试用过程中，发现一些潜在而重要的问题。由于需求和设计实现阶段，即使计划再周密、实施再完善，仍然可能会被客户发现一些在业务应用中的问题，这些问题如果在一个局限的范围内被发现和及时更正，不仅可以帮助产品服务挽回了可能的客户损失，而且也会为产品团队提前获得市场的初步反馈，为后面的正式上线运营提供便利。

2）与文档团队密切合作准备相关的一系列产品服务文档资料。

由于互联网和线上业务的要求，这样的产品服务文档资料往往是多版本和多种发布形式。这其中包括但不限于如下的文档资料形式。

- 产品服务的说明介绍文档：用来说明服务的目标、解决的问题、业务应用场景和为客户带来的商业价值等方面的内容。
- 产品服务的操作使用文档：当服务是为客户平台设计开发的情况下，就需要在提供产品服务的部署和实施的同时，还向客户平台的相关团队提供产品服务的使用方法、部署过程说明和常见问题解决方法等方面的内容。
- 产品服务的推广培训文档：产品服务是由跨职能团队共同完成的成果，在把产品服务向外进行推广的过程中，需要使用不同的术语体系提供给售前、市场推广、客户支持和服务等相关部门的团队和成员，帮助它们更好地理解产品服务，同时在进行产品服务的相关推广和营销流程中，也可以更加得心应手。

在上述的文档中，前两种文档往往会得到充分的重视和详细的整理和编写。而第三种推广培训类文档由于技术团队本身的项目进度和产品实施的压力，往往不能获得理想的效果。这就造成了"产品服务实现的功能其实特别好"，但是由于相关商务人员并不擅长和了解相关的技术细节，造成此类商业化文档没有起到应有的推广营销效果，一定程度上降低了产品服务的商业价值和效益转化结果。

因此，对于技术创新主导的中小型公司所设计和实现的产品服务，可以考虑在保护商业机密和产品相关信息的前提下，聘请专业的第三方商业文档团队或公司与相关产品服务的团队成员进行沟通和协作，保证商业化文档的高质量完成和维护。

在产品服务上线运营之后,作为产品团队的决策者和管理者,沟通的工作不仅没有停止,反而增加了。这是因为,在产品上线之前,接触产品的只有公司内部的团队、合作的供应商和特定选择的体验客户。但是当产品上线之后,这一切都发生了变化。产品会被市场获知,会被广大的客户使用,也会被竞争对手了解,并且随着接触人群的变化,随之而来的各种有关于产品的信息都会大幅变化和增加。

这也是在具有一定规模的公司和团队之中,产品设计团队与产品上线运营团队被自然的划分开的原因之一。在本书的内容介绍中,为了让读者朋友们能够通盘了解商业化系统的全流程,因此让我们当一次"观众",在围绕着产品服务的前提之下切换自己的角色,看一看产品上线之后各个渠道沟通的情况。换一种技术上的说法,就是观察产品上线后产生的各种数据。

首先,我们需要使用一整套实现开发好的工具来深入产品服务中测量各种运行数据,如图 7-9 所示。在推荐服务中,有如下几个方面。

支撑推荐服务的基础云服务的运行数据
- 推荐服务消耗云服务资源的数据
- 服务正常运行时间
- 宕机周期
- 存储故障频率
- 网络故障频率等

推荐服务在相关平台上的运行数据
- 网页端、移动端数据分类
- 推荐覆盖的商品数量和变化率
- 用户操作和系统推送触发推荐服务的次数
- 推荐触发实际有效的页面切换的数据等

推荐服务作为服务接口被其他平台服务调用的服务数据
- 推荐被特定类型服务调用的次数
- 推荐服务拒绝服务或返回异常的频度
- 推荐服务接口的冲突使用频度等

推荐服务通过客户反馈和售后渠道获得的服务数据

- 图 7-9 推荐服务上线后的运行数据收集

第 7 章
商业化高级技能：跨职能沟通技术

- 支撑推荐服务的基础云服务的运行数据。
- 推荐服务在相关平台上的运行数据。
- 推荐服务作为服务接口被其他平台服务调用的服务数据。
- 推荐服务通过客户反馈和售后渠道获得的服务数据。

当然，根据公司商业模式和产品生命周期所处阶段的不同，以及产品本身特性和数据关注点的不同，在产品上线后，重点需要记录和收集的数据也不尽相同。但基本上是根据云服务基础设施运行数据、推荐服务作为应用层实例的运行数据和推荐服务作为公司服务之一的业务运行数据来划分的。

之后，我们需要有效利用上面的数据，使其可以方便快捷地供集团公司和部门使用，进而为绩效指标 KPI 落实提供支持。也许有读者朋友们对这个过程有些不解，其实这一步对于团队的产品继续存活、持续获得公司的资金投入和追加投资非常重要。

这是因为公司和平台在某个特定的产品服务上做出了预算和投资，当产品上线之后，开始进入产品上线后的销售周期，关于产品运营的相关数据就需要即时收集、汇总和转化，最终持续体现在绩效 KPI 指标之上。

> 产品团队在外部条件不具备的情况下，需要克服进度困难，主动设计并维护产品服务市场表现的相关数据收集、整理和自动报告接口功能。在公司决策部门需要时，为产品的发展提供数据支持。

如果产品的市场反应良好，绩效 KPI 指标有所提升，或达到先前的预期，则产品在推广营销和同步进行的持续设计开发上就会得到预期的投入和支持。

因此，作为产品团队的成员，也需要有清醒的意识和理念。不论是内部产品还是外部产品，在产品上线之后，都需要保持对产品相关的绩效 KPI 指标变化的关注。持续关注这些指标并及时进行内部沟通，通过各种途径和方式继续保持产品良好的市场势头或者实施进一步的产品加强或创新，就可以在预期的时间内改变目前产品的市场表现,如图 7-10 所示。

● 图 7-10　产品上线后从数据到 KPI 的转化

在维护好产品服务的各项运行数据和运营数据的同时,还需要做好遵循公司产品线或者产品组合管理的沟通工作,即从整个公司的角度,按照标准化的产品上线后管理,需要从产品线/产品组合的角度来管理和把控产品推动公司经营战略的能力和综合表现。具体来说,有如下的沟通与协作需要进行。

1)配合产品线/产品组合的产品,向客户提供端到端的解决方案,提供相关的综合表现数据。

2)按照公司标准化的要求和本产品服务的特点,做好客户的营销推广和使用指南。

3)选择合适的时机与公司产品线/产品组合中的其他产品加速集成、渠道拓展,以扩展本产品的细分市场。

4)记录产品上线后的一系列产品推广和营销的活动记录和相关数据,为未来的新产品服务做好经验积累。

综上所述,产品服务上线后的相关数据收集分析和整理工作,需要跨部门甚至与第三方咨询公司、营销团队和其他组织的合作,一切都是为了产品的存活和发展,具有长远的价值,需要引起我们足够的重视。

另外,推荐服务在运营一段时间之后,部门/团队的决策者往往陷入两种可能的发展状态:一种决定在当前的服务质量和水平之中持续投入,继续深入开发更高级、更精细的功能,把本部门的竞争优势继续扩大;另一种决定在集团内跨部门寻找推广应用的机会,让更多的业务部门了解推荐服务的功能和带来的商业价值。

不论哪种发展策略和决策状态,经过预算投入和持续执行之后,都会带来不同

第 7 章
商业化高级技能：跨职能沟通技术

的产品效益和商业影响。就像我们熟知的变化那样，"要么够高，要么够宽"，决策者会发现，开发团队要么成了集团的明星团队（甚至成为影响股价的重要因素），从而在集团中更有话语权；要么成为集团各公司各部门都依赖的支持部门，从长期发展上观察，成为集团业务运营的平台性服务。

在第一种发展策略中，开发和维护更加精细和丰富的高级算法库、数据支撑框架和面向机器学习的工作流就成了团队始终需要面对的问题，在这样的团队中，需要架构开发人员、数据开发人员和算法设计人员贯穿融合，同时产品经理需要持续努力地"揭示业务背景的秘密"，为技术开发摆脱"为什么需要做这个？"的技术困境。

在第二种发展策略中，团队需要灵活地切换另一种"技术营销"的思路。把推荐服务当作一种待转化的"半成品"。这里的半成品，不是从技术成熟度的角度来揭示，而是把推荐服务作为指定的商业供应服务。在部门内部长期的使用中早已熟悉的产品，在跨部门或者供应链上下游（签署了供应链流程和数据战略合作的集团公司之间，相当规模的软件服务和数据在商业框架之下都是按协议共享和开放的）的使用角度，往往因为业务流程的变更、使用不熟练等技术原因导致让一个服务的推广不了了之。

所以，转变"半成品"为"成品"，不仅仅需要部门团队让服务的功能完备健壮，同时需要对服务在多个方面发生"非技术性"变化：

- 提供由客户部门的业务术语编写的使用文档和操作指南。
- 提供与客户部门的信息系统接口规范匹配的推荐服务接口。
- 提供专门的技术上和使用体验方面的客户服务支持流程。
- 提供定期的跨部门业务研讨会议，积极获取使用者的使用反馈。

在横向推广推荐服务作为平台性服务的过程中，部门决策者还需要面对一种潜在的"结构性威胁"，也就是集团业务变更或重构导致的特定业务流程失效或废弃，导致推荐服务作为附属或增值业务的弃用。及时了解和捕捉集团业务发展的方向策略变化，从而提前调整服务供应的框架、质量标准体系和服务提供方式等多个领域

· 171

的工作方式将会大有裨益。

7.5 小结

本章主要介绍了产品服务在需要跨团队合作的情况下，如何帮助本团队的产品更好地融入公司产品线或产品组合，以及在产品上线之后如何合理客观地收集相关的市场表现数据，从而为后续产品可能的预算追加和发展壮大提供有力的工具和数据支持。

与此同时，还介绍了商业化产品服务中的沟通技巧，这些技巧来源于商业化工程领域的宝贵经验，避免出现"产品设计和实现得很好"，却由于"产品客户沟通和市场推广方面的技术及数据支持不够"而造成的商业表现欠佳或未实现商业价值预期目标的情况。

在本章的内容阐述中，还特别提到了产品技术团队不仅需要做好技术工作，还需要尽可能地在公司 CIO、CTO 或者部门技术领导者的支持下，在公司营造"高新技术是公司核心竞争力"的理念和氛围，为产品技术团队能够深入公司业务领域，更多地参与公司产品路线和核心业务流程决策提供持续而有力的支持。

CHAPTER 8
第 8 章

商业化推荐服务案例：
餐饮业务整合推荐服务

本章将向大家介绍商业化推荐服务案例，在这个案例中，读者朋友们会看到，虽然它是餐饮业务整合方面的推荐服务场景，但是我们可以从不同相关领域企业的不同商业视角中去分析各自面临的问题以及不同的推荐服务业务内容和交付方式。在这个过程中体会对于同一个业务场景的可能的不同处理方式。

8.1 企业的难题

我们都知道，随着推荐系统的不断发展，其应用领域已经深入到电子商务平台和其他相关的网上服务业务中。这些业务包括了在线视频和电影点播、音乐内容消费、电子书订阅与销售和零售商品等。在市场上已经出版的推荐系统的书籍当中，这些领域中的实例都得到了充分详细的介绍。

在本章中，我们准备对一个较少被涉足的领域进行探讨，即餐饮食谱推荐服务。随着人民群众生活水平的不断提升，大家对于餐饮食物的各方面要求也在不断提高。一方面，借助大型商业综合体和商业街的发展，人们在外就餐，选择合适的餐厅、选择自己喜欢的食物成了一种生活方式；另一方面，随着工作节奏的加快，就算在家烹饪食物也要求餐食不仅做得好吃，还要很快就可以制作出来。另外，由于人们对于身体健康要求的不断提高，很多人都会进行健身，那么对营养餐食和相应的营养食谱也就提出了新的更高的要求。

随着各个商业化平台的发展，平台也迫切需要能够深入用户生活的方方面面，当然餐饮作为衣食住行的一个重要环节，也就需要平台通过这样的途径来了解用户的生活喜好，增加用户对平台的黏性。

同时不能忽视的是，由于互联网和其他相关技术的发展，以及互联互通理念的推广，很多以前的传统制造类企业和其他传统行业组织也加快了平台化建设和电子商务建设的步伐。它们不仅仅只关注自己在传统供应链上的角色和位置，而是通过收购、企业战略合作等方式，尽可能延展自己企业的供应链深度和规模，从而能够更多理解上下游的供应和客户，以获得更多的商业价值。

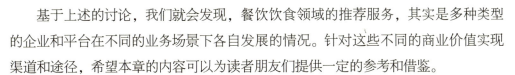

基于上述的讨论，我们就会发现，餐饮饮食领域的推荐服务，其实是多种类型的企业和平台在不同的业务场景下各自发展的情况。针对这些不同的商业价值实现渠道和途径，希望本章的内容可以为读者朋友们提供一定的参考和借鉴。

作为商业化推荐服务的首要任务，让我们来看看各自企业的业务场景和遇到的问题，从而为后续的解决方案和技术实现路径做出提示和场景应用储备。

（1）餐厅的场景

一个在餐饮行业中经历着激烈竞争的餐厅管理者说过，他需要面对的问题是多方面的。那些传统餐厅中遇到的运营和管理问题，我们在这里不做讨论。餐厅管理者在运营中总觉得有一种不踏实和不稳定的"运营焦虑感"。这种感觉是因为传统的餐饮运营主要是着力于把菜品做好，把价格控制在对应消费群体所接受的范围内，然后尽量做好餐厅周边的营销推广活动就行了。

然而这种方式总会让餐厅管理者有一种不安的感觉，"这些客人用餐后有多少人会再来呢？"诸如这样的问题让那些对餐厅有深厚感情的餐厅管理者不得不认真思考。

因此，从传统的客户关系营销角度出发，餐厅管理者不仅需要不断拉拢新的顾客光临和消费，还需要让光顾过的客户下次愿意继续来，同时能够及时发现那些老顾客的新口味和对菜品的不断更新的要求。这些问题都是通过传统的餐饮营销方法无法做到的。

（2）健身会馆连锁企业的场景

健身会馆在城市的功能性综合体中存在越来越广泛，这一商业现象恰恰说明了市场的需求和客户的消费趋向，即随着社会工作节奏的加快，大家越来越关注于自身的身心健康，愿意进行适当的投资来促进自身的健康管理。

由于健身会馆的数量越来越多，其传统的运营模式也趋于成熟，同时也代表着会被越来越多的后进入市场的竞争者所模仿。因此，对于健身行业有深度思考的先行者，就会探索跨越传统业务领域的新的商业模式和服务交付方式。

从分析客户的根本需求出发，客户的健康应该是由运动健身、餐饮饮食和休息恢复三个部分组成的。那么，从健身会馆领域的运营者看来，一个客户在会馆中的运动健身时间是非常有限的，客户在离开会馆之后的与身体健康管理和运动健身相关的活动的有关信息就无从得知了。

这就带来一个重要的问题，即离开健身会馆以后，发生的任何会影响继续在健身会馆体验和消费的因素，从健身会馆管理者的角度来说，都无从得知。另一方面，由于在传统的健身会馆运营方法中，会馆往往是以"被动"的方式获取客户，这里不是指销售和营销方式的主动与被动，而是指会馆传统的运营模式中本身就是一种被动的形式。这些确定性包括：

- 客户来健身会馆报名前的服务状态是计划短期还是长期在会馆活动？客户来会馆的具体原因是什么？客户来会馆是否主要关注某些健身领域？
- 客户报名后，健身会馆是否可以获知客户在生活中的身体状态变化和健康管理情况？
- 客户到达续费周期后没有及时续费是由于会馆中的事件还是会馆外的其他因素导致的？

诸如这样的一系列问题，其实都会影响客户留存和商业价值转化的效率和效果，这些问题又是仅仅依靠在健身会馆中的"客户自训练"和"私教专业课"所不能解决的。但是这些问题直接影响了健身会馆在这个充分竞争的市场中的客户服务水平、销售业绩水平和企业竞争能力。

（3）体育用品供应商

在传统视角下，体育用品供应商在整个健身运动供应链中往往被认为距离客户最远。它们往往需要依托其他的平台和下游企业的供应渠道来获取终端客户的需求和评价信息。另一方面，传统的体育用品就像其他制造业商品一样，存在着供应链较长、库存压力较大、与下游平台渠道议价能力较弱和利润波动等多方面的情况。

同时由于互联网和高技术产品的应用，这些传统的体育用品供应商也喜欢能够走出传统的供应链流程，在跨行业跨业务领域的范围内，打破以往的制造业供应商的角色，更多地接触到终端客户的价值产生过程，提供更丰富的服务来提供产品的附加价值，同时和跨行业的合作伙伴进行共同开发，提升本企业的品牌知名度和商品服务解决方案的覆盖范围，从而最终提升企业竞争优势，获取更多的市场话语权和市场份额。

举例来说，体育用品供应商提供传统的跑步机之后，往往缺乏直接来自客户的用户使用反馈信息，同时如果只销售跑步机的话，即使与下游的健身运动会所合作，也只能在产品功能丰富和议价主动权上有一些改进和提升，但是如果健身运动行业出现行业级别的波动（即这些行业的行业周期）会直接影响体育用品制造供应商的企业销售和运营水平。

因此，这种类型的企业也迫切希望能够借助互联网和其他高技术产品和工具为自己的企业生态打开局面，如图 8-1 所示。

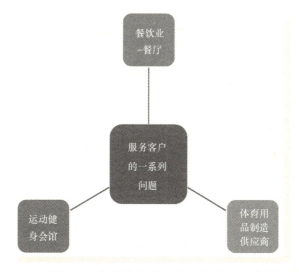

● 图 8-1　餐饮饮食行业的相关企业示意图

综上所述，对于餐饮饮食推荐领域而言，我们可以看到，有三个不同的行业市场对应的企业组织，由于自身遇到的问题，而迫切需要改变。

8.2　拿出解决方案

对于上述三种类型的企业来说，为了获取最终客户的服务状况和其对应的商业价值，就需要深入客户生活的细节与方方面面。衣食住行中，与这些企业最为相关的就是"食"这个领域。

让我们在这里转换到更广泛的视角来分析这些问题背后的逻辑。

很多情况下，我们都会认为是互联网技术带来了很多行业的重大转变。其实，应该反过来看这个问题。互联网之所以会深入千家万户，会影响众多企业的商业模式和经营战略，恰恰是因为互联网技术解决了大家的核心诉求，因此可以说是大家推动了互联互通技术的发展。

从企业的角度，大家都倾向于不仅仅销售商品和服务，而是通过了解客户的核心诉求和价值追求来尽可能的留存客户。仅仅通过销售商品和服务，能够提供的相关客户信息就非常有限。因此，在企业的视角中，客户不仅仅是购买商品和服务的人或组织，而是一种在一个漫长的生命周期中存在的群体。

从客户生命周期的角度去审视客户的需求，去重新看待企业提供的商品和服务，就会对客户的过去、现在和可能的未来发展趋势做出更加客观、更合理和更具有发展眼光的决策和判断。

这样，尽可能在时间上和深度上挖掘客户生命周期中的种种细节，才能很大程度上消除企业原本所具有的"不安感和焦虑感"，通过对客户的深入理解和认识，增强企业的生存能力和市场竞争优势。

现在再回到刚才的讲述，相信读者朋友们就会理解了，即企业希望通过各种技术工具和手段，从客户生命周期的角度去尽可能获取更多更详细的客户需求信息，来帮助企业发展。

让我们来具体分析企业相关的解决方案：

（1）餐厅的餐饮解决方案

餐厅打破传统的餐饮服务理念和流程，从客户价值生命周期的角度来解决上述的问题。

第一个阶段：餐厅内推荐。

餐厅提供客户个性化餐单和点餐推荐服务，让客户享受有效而又个性化的餐饮

第 8 章
商业化推荐服务案例：餐饮业务整合推荐服务

服务。通过以下几个方面来实现。

- 通用标准化菜品推荐 – 对应快节奏消费场景：考虑营养、口味等多种因素，提供销量最多的套餐推荐，客户可以直接在主页推荐中浏览并直接下单。
- 客户标准化菜品推荐 – 对应客户口味偏好消费场景：获取客户的历史菜品消费记录，通过简单的统计计算，首先推荐给客户经常选择的菜品组合，在客户确认后可以直接下单。这种推荐适合于客户需要尽快用餐，但是偏爱自己的用餐习惯的情况。
- 个性化菜品推荐 – 对应客户偏爱餐厅尝新和新体验的用餐场景：通过推荐服务技术方法，获取用户的用餐偏好或者用户集体用餐的用餐习惯，结合餐厅的传统餐品和新推出餐品进行推荐。

第二个阶段：用餐后场景推荐。

这个场景就是尽可能延展餐厅对于客户价值生命周期管理范围和服务广度的实践，即通过餐厅运营的移动端平台，根据用户在餐厅中的消费历史记录和习惯，以及相关的推荐上下文信息来进行生活中的日常食谱推荐。

举例其中的一种业务场景：用户到餐厅后，餐厅根据用户喜欢吃麻辣口味的菜品的基础上，向用户定期推送餐厅主厨亲自制作和拍摄的麻辣口味的菜品烹饪视频，同时向用户推荐餐厅供应的相应食材，并及时获取客户的评价和观赏评分。在这个过程，餐厅不仅可以获取额外的商业价值转化机会，同时可以与客户进行信息沟通，帮助客户提升用户平台体验和用户服务水平。

再结合推荐上下文环境举例说明：比如在一天工作之后的下午，或者夏季来临的时候，餐厅的客户沟通平台给客户推荐相关菜品烹饪方法或者饮品制作方法，并附带上餐厅推荐购买的高质量的食材，那么就有可能从客户那里获取具有商业价值的诸多信息，比如对于推荐的菜品烹饪视频的喜好程度和评分情况、对于推荐的烹饪制作食材的订单获取和销售情况等，这些都是对客户留存和提升客户亲密度和用户黏性的最好方法。

（2）健身会馆连锁企业的食谱推荐解决方案

对于健身会馆来说，现在行业内已经有在会馆内提供的运动营养餐食的服务项目。但是因为本文主要讲述平台线上推荐服务的内容，因此只在这里进行简单介绍。

健身会馆不仅仅着眼于运动类型的服务销售信息和运动健康及运动恢复方面的信息推送，而是希望能够从客户个性化推荐的角度，对于客户健康管理的全方位进行设计和考量，以大幅度提升企业的客户服务质量和业务服务水平。

从客户价值生命周期来说，1~2年会员周期的客户，可能是因为紧迫的健康问题而进行健身会员投资活动，其健康情况有所好转，或者感觉效果并不理想后就会放弃会员服务活动。3~5年会员周期的客户，往往已经养成了牢固的运动健身习惯和相应的生活方式。因此，从企业的角度，需要让短期的会员客户尽可能延长他们的会员周期，帮助他们建立良好的运动健身生活习惯，扶持帮助他们进入相对稳定的3~5年周期。同时，对于3~5年会员周期，即对健身运动本身和健身会馆已经建立了一定品牌信任感和用户黏性的用户群体，需要更加对客户的运动与身体恢复的生活细节加以关注和帮助，从而帮助客户保持身体状态，同时增加企业的客户价值贡献度。

从餐饮食谱推荐的角度，健身会馆连锁企业需要提供客户每日的营养餐推荐食谱和菜品烹饪方法。其中主要分为如下两种推荐类型。

- 根据客户每周训练的时间，提供当日运动后恢复营养菜谱。
- 根据客户在健身会馆中留存的健康数据，提供个性化的每日营养菜谱或养生菜谱。

（3）体育用品制造与供应企业的饮食食谱推荐解决方案

体育用品制造与供应企业，由于其制造业的优势，持有和使用着各种智能运动设备，企业在法律与用户隐私政策允许的合理使用范围内，可以更加方便和有效地使用客户运动数据，挖掘客户的运动规律，从而在客户价值生命周期中提供更大的作用。

对于这类企业而言，饮食食谱推荐服务是其整体运动健身解决方案中的一个组成部分，也许不是其核心服务内容，但是从完整解决方案的角度来说，作为其中饮食健康与运动恢复的一部分，维护和更新相应的健康饮食食谱和相关活动也是非常有必要的，如图 8-2 所示。

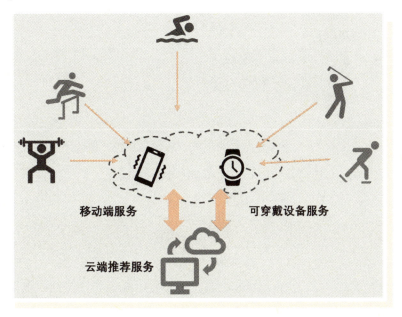

• 图 8-2　体育用品制造商的集成云端推荐服务业务场景示意图

从业务实现途径来看，这类企业拥有众多的 IoT 边缘设备，即多种智能型，可以及时记录、收集和上传相关用户运动信息和身体状态信息的设备，特别是运动健身器材、穿戴式运动及身体状态记录设备等，都是 IoT 网络的重要信息节点，可以更加方便地了解用户的运动习惯、运动偏好和身体状态更新等信息。

从饮食食谱的推荐服务来看，这类企业基于自身平台或者其他客户沟通平台，可以根据客户的运动规律、运动项目喜好和身体健康状态数据，提供专家支持的标准化营养餐食谱推荐，或者提供个性化的兼顾营养与口味的餐食食谱与烹饪方法的相关服务推荐。

总结起来，上述三种类型的企业提供的餐饮菜品、饮食食谱等方面的业务内容，可以分为三个部分，如图 8-3 所示。

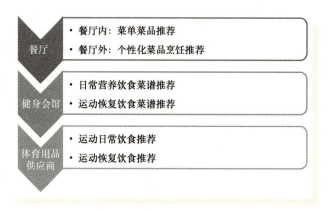

• 图 8-3 不同类型企业的菜品饮食食谱推荐服务示意图

下面我们就从推荐服务和相关的算法角度来加以说明。

8.3 使用正确合理的推荐系统提升商业价值

本节基于上述章节的业务场景和内容，具体分析和说明相关推荐服务和算法的实现场景和相关原理，供读者朋友们参考和借鉴。

为了让大家从整体上对上述各种类型企业适合的餐饮菜品和饮食食谱推荐服务有一个比较系统清晰的了解，这里我们从推荐内容和推荐算法相结合的方式来进行阐述。

从业务建模角度来看，我们首先需要做如下的业务背景梳理。

- 推荐场景：餐厅就餐和在家烹饪就餐。
- 菜品分析：菜品类型、菜品食材、菜品营养比例、菜品口味、烹饪方法和食材准备时间。
- 推荐上下文信息：温度、一天中的时间段、一年中的季节和节日活动等。
- 用户购买场景：工作餐、居家生活餐和餐厅招待餐等。

有了以上的需求类型信息之后，我们就可以通过多种渠道来收集用户的数据和消费偏好，同时建立相关菜品、食材的相应特征集合和相关相似以及关联关系，并且利用相关的业务规则，加入相应的标签化处理和上下文信息作用的触发条件，进行相关推荐服务的模型选择和训练工作。

（1）餐厅菜谱菜品推荐

对于餐厅菜谱菜品推荐来说，推荐服务需要应对多种情况。

1）对于第一次来到餐厅的顾客，通过推荐服务，可以先让顾客在推荐主页面中选择几个自己感兴趣的菜品类型，从而初步获得客户餐饮偏好（或者由于顾客事先的了解，直接下单了特定菜品），我们就可以通过记录这样的菜品信息，通过特征关联和相似度关联的方法来初步确定客户在本餐厅的饮食偏好。

2）如果客户使用推荐服务中的搜索功能进行关键词搜索，比如搜索法国菜，则通过基于内容关联的推荐服务，我们可以把最畅销和最受好评的法国菜菜品以 Top$N$ 的方式排序展示给顾客，供其挑选。

3）如果客户对于吃什么还有些犹豫，则可将菜品类型的标签化推荐服务展示在推荐服务的主页面，这样对于先随意浏览再做决策的客户来说，可以通过菜品品类推荐了解到不同类型的相似菜品的说明。比如，对于综合式西餐厅来说，意大利风格类型的菜品和法国风格类型的菜品以及其他按照地域划分类型的菜品可以通过这样的推荐方式在推荐服务主页面中呈现。

在此基础上，借鉴商品零售平台的关联推荐服务，当客户在选择了菜品 A 进入停留之后（比如设定浏览停留时间为 20 秒），会向客户推荐其他客户在选择了菜品 A 之后，又选择的其他菜品。这样的实现方式也很方便，即通过记录其他包括选择了菜品 A 在内的用户的整体菜单之后，通过菜单内菜品之间的关联性，向客户做"选择了菜品 A 的客户又选择了菜品 B、菜品 C"的链式推荐，这对在选择菜品上犹豫不决的客户来说是一种很好的帮助。

另外，对于相当部分的客户来说，餐厅的菜品吸引力往往来自于特定的菜品或者菜品组合。因此，在餐饮推荐服务中，在推荐服务主页面的醒目位置，加入"标准化"推荐菜品，比如最高销量的菜品、最多好评的菜品或者标准化的菜品组合，其推荐服务的相应效果会更好。而这样的推荐服务类型在后端的数据准备和相关技术实现方法也相对简单,针对特定的菜品数据表格和用户消费订单表格做好周期性的统计和整理(Aggregation)即可。

(2)营养饮食菜谱推荐服务

这类的推荐服务主要有两种类型:一种是以口味特征为主要特征的推荐,一种是以营养特征为主要特征的推荐。

以口味特征为主要特征的推荐主要依靠获取客户针对口味主特征的评分来收集相关数据,同时推荐的其他特征,包括如下两个方面。

- 餐食特征:营养评分、烹饪方式分类、食材准备时间评分。
- 推荐上下文环境特征:天气温度、一天中的时段、一年中的季节、特定节日活动。

需要构建以上这些特征的相关标签或者相似度度量下组合,最终构造出食谱推荐列表。

举例来说,选取口味主特征、烹饪方式的餐食特征和推荐上下文环境特征的组合推荐,如图8-4所示。

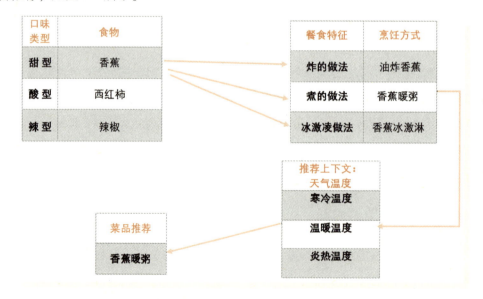

- 图8-4 基于主特征、附加特征和推荐上下文特征的菜品推荐示意图

第 8 章
商业化推荐服务案例：餐饮业务整合推荐服务

分享到这里，如果对业务和技术实现有通盘考虑，其实就会体会到从大的类型上，算法模型的选择在业务场景识别和业务流程确定的最初时期就基本确定了。

比如对于菜单菜品这种类型的推荐来说，从顾客光顾餐厅或者接受推荐菜品烹饪菜谱的角度分析，一直就存在着标准化推荐和个性化推荐两种方式。

作为一个餐厅的核心竞争力，经典的菜品或者菜品组合就是其标准化的体现。在此基础上，加入对用户口味这个用户特征的收集和分析，就比较容易通过上述章节中介绍的基于内容的召回推荐来实现。通过事先对餐厅的菜品建立维护良好和及时更新的知识库，对相关的菜品通过销售量、好评度、菜品类型、口味风格和菜品经典组合等方面建立相关的标签库以及相似度关联。

在此基础上，只要对用户的餐饮偏好（从技术角度看就是 User Profile）进行适度的了解，再与上述的菜品标签库向量或者相似度向量进行匹配和关联，再经过一定标准的排序算法处理，就可以很好地向顾客进行此种基于内容的推荐服务，而且效果会令人比较满意。

从业务应用的角度讲，这也是基于内容的推荐服务的优势。相比较于协同过滤算法而言，基于内容的推荐更加偏重于领域驱动（Domain-Specific），因此对于领域内的知识有限的情况下（餐厅的菜品和零售电商平台上的商品种类和数量相比），通过充分整理这些领域内的知识和标签，就能够建立较为丰富和全面的关联矩阵，从而向用户做出推荐。

个性化菜品推荐类型的客户推荐不会按照"标准化"推荐的规律来进行。对这种类型的客户的判断，其实也很简单。就是通过客户消费菜品记录的数据收集学习到对其进行"标准化"菜品和畅销菜品的推荐命中率数值较低，从而判断需要对其进行个性化推荐的因子权重较高，然后在后续的推荐中引入个性化推荐的流程。

在这种类型的客户分析中，其基于"偏好群体"的相似性用户数据判定，就显得比较重要了，即通过常规的基于内容的推荐对这种类型的客户往往效果不尽如人意。

相应地，如果我们使用与领域无关（Domain-Independent）的基于用户的协同过滤，或者偏重菜品信息统计和相似性度量的基于菜品的协同过滤方法，则可以在相应的"偏好群体"与菜品的矩阵度量中，通过发现个性化用户的相似群体偏好来实现较为精准的菜品推荐。

对于营养餐菜谱推荐来说，由于它需要考虑以下几个方面的综合因素，因此其推荐服务的算法模型以及推荐结果的构造相对复杂：

- 食材营养类型分布和配比。
- 食材烹饪方法作为知识和标签化数据。
- 菜品口味评分及相似度度量。
- 专家知识库支持下的规则推荐。

从以上可以看出，针对不同实现方式的营养餐菜谱推荐流程来说，在构造相关的特征矩阵以及相似度关联矩阵时，需要使用基于内容的召回推荐和协同过滤召回（基于相似度用户或基于相似度食材/菜品）的混合方式。在这一过程中，使用多项特征对最初的备选菜品组合进行过滤和筛选，之后在构造用户可用的菜谱中，通过应用专家知识库中的业务规则，在各项菜品的使用数量等方面进行限定（比如特定食材适合于特定用户的使用克数）。经过这样一系列的操作，才能最终构造出用户可用的营养餐菜谱，如图8-5所示。

- 图 8-5 营养餐菜谱推荐服务流程示意图

通过以上的分析，我们可以看出，相较于大型零售商品平台、基于订阅模式的视频/音乐/电子书平台，餐饮菜谱推荐相关行业由于其领域特点，在具体的推荐服务实施中，需要结合不同的业务场景，通过多种推荐服务算法的结合和场景对应功能的变换，不断尝试引入新的应用模式和技术方法，来适应不同客户在不同情况下的不同需求，从而为积极运营客户价值周期，提高客户的服务质量和整体服务水平提供有力的支持。

8.4 小结

本章主要通过餐饮菜品推荐的相关企业业务类型和具体业务场景的展示，详细而全面地分析了餐饮菜品推荐服务在业务支持和客户价值提升方面的重要作用。同时通过对相关企业业务创新的案例讲解，介绍了具体的业务流程改进方式，之后给出了基于内容的召回推荐和基于协同过滤的召回推荐的流程方法，希望通过本章的介绍，可以为读者朋友们在餐饮菜品推荐领域提供一定的参考作用。

附　录

附录 A　机器学习相关重要论文

机器学习领域介绍基础性概念和综述类内容的文献资料已经足够丰富，以下论文并不以机器学习相关领域的基础性了解为目标来推荐，而是作者在详细阅读这些论文之后，发现其中有一些值得借鉴的思路以及能够提供一定实践指导意义的内容，供大家参考借鉴（见表 A-1~表 A-5）。

表 A-1　机器学习主题重要论文

论 文 标 题	论文发表的会议及年份
Memory-Augmented Monte Carlo Tree Search	AAAI'2018
Learning Dynamic Feature Selection for Fast Sequential Prediction	ACL'2015
Delayed Impact of Fair Machine Learning	ICML'2018
Dueling Network Architectures for Deep Reinforcement Learning	ICML'2016
Foundations of Declarative Data Analysis Using Limit Data Log Programs	IJCAI'2017
HyperGCN: A New Method for Training Graph Convolutional Networks on Hypergraphs	NIPS'2019
A Modal Characterization Theorem for a Probabilistic Fuzzy Description Logic	IJCAI'2019

表 A-2　强化学习相关主题的重要论文

论 文 标 题	论文发表的会议及年份
Goal-Aware Prediction: Learning to Model What Matters	ICML'2020
Deep Reinforcement Learning with Double Q-learning	AAAI'2016
Asynchronous Methods for Deep Reinforcement Learning	ICML'2016
Model-Based Reinforcement Learning with Value-Targeted Regression	ICML'2020
Dueling Network Architectures for Deep Reinforcement Learning	ICML'2016
Implicit Generative Modeling for Efficient Exploration	ICML'2020
ROMA: Multi-Agent Reinforcement Learning with Emergent Roles	ICML'2020

表 A-3　深度学习相关主题的重要论文

论 文 标 题	论文发表的会议及年份
TensorFlow: Large-Scale Machine Learning on Heterogeneous Distributed Systems	tensorflow.org'2015
Target-Embedding Autoencoders for Supervised Representation Learning	ICLR'2020
Multimodal Machine Learning: A Survey and Taxonomy	CMU TPAMI'2017
Distilling the knowledge in a neural network	Hinton'2015
Selection via Proxy: Efficient Data Selection for Deep Learning	ICLR'2020
Neural Architectures for Named Entity Recognition	Lample'2016

表 A-4 知识图谱相关主题的重要论文

论 文 标 题	相关会议及年份
Improving Multi-hop Question Answering over Knowledge Graphs using Knowledge Base Embeddings	ACL'2020
SEEK: Segmented Embedding of Knowledge Graphs	ACL'2020
A Survey on Knowledge Graphs: Representation, Acquisition and Applications	AAAI'2020
Convolutional 2d Knowledge Graph Embeddings	AAAI'2018
Dynamic Graph Representation Learning via Self-Attention Networks	WSDM'2020
ProjE: Embedding Projection for Knowledge Graph Completion	AAAI'2017
Learning Attention-based Embeddings for Relation Prediction in Knowledge Graphs	ACL'2019

表 A-5 推荐系统相关主题的重要论文

论 文 标 题	相关会议及年份
Collaborative Knowledge Base Embedding For Recommender Systems	KDD'2016
MOBIUS: Towards the Next Generation of Query-Ad Matching in Baidu's Sponsored Search	KDD'2019
The Netflix Recommender System: Algorithms, Business Value, and Innovation	ACM TMIS'2015
Real-time Personalization using Embeddings for Search Ranking at Airbnb	KDD'2018
Sequential Recommender Systems: Challenges, Progress and Prospects	IJCAI'2019
Deep Learning Based Recommender System: A Survey and New Perspectives	ACM Computing Surveys(CSUR)'2019
Personalized Top-N Sequential Recommendation via Convolutional Sequence Embedding	WSDM'2018
Session-based Recommendation with Graph Neural Networks	AAAI'2019

附录 B　绩效 KPI 体系设计与通用示例

服务表现度量 KPI 体系的设计流程见表 B-1。

表 B-1　服务表现度量 KPI 体系的设计流程表

设计步骤	指导原则
描述期望达到的结果/效果	由公司/部门/团队的长期和短期目标分解，进而针对每一项围绕核心成功要素的各项活动，设定预期达到的结果/效果
讨论如何获得结果的若干实现方法	分析上述的结果/效果应该如何达到，并且这些结果/效果是否可以客观、准确地达到。对于无法直接量化的目标应该如何进行转化，从而实现数字化测量
为每一个独立的指标选择正确的测量方法	• 能够回答公司或客户的核心业务中的问题 • 能够提供帮助公司/部门/团队提升业绩，实现销售目标，改进组织表现的方法 • 测量方法需要经过标准化验证，并对待选测量方法的结果进行交叉比对和可信性评估
为可能的组合指标进行准确的定义	• 对跨部门/跨团队的业务目标进行多方面信息收集 • 选取多个备选组合指标序列，通过对测试指标数值的分析和评估，得出具有符合评价标准，并且可以在多个属性维度进行分解的组合指标中进行选择 • 允许组合指标的再评估和重构
定期设置和维护指标的上限和下限阈值	• 指定待评估服务的系统功能界限，并对界限的资源使用表现进行数值化定义 • 对指标的上限和下限阈值所对应的系统表现给出明确清楚的描述
对选择的服务表现 KPI 指标文档化管理	定义的服务表现 KPI 指标需要相关的使用规范来明确说明 KPI 指标的定义、测量类型、测量方法/测量公式，KPI 指标的定义负责人、KPI 指标需要更新的周期、KPI 指标的评估与验证相关责任人、KPI 指标的测量目标和上下限阈值定义

在 KPI 指标体系通用示例中，我们不再把重点放在具体的领域专业流程划分和指标细化上，而是对通用的系统流程中的各个阶段进行示例展示，如图 B-1 所示。

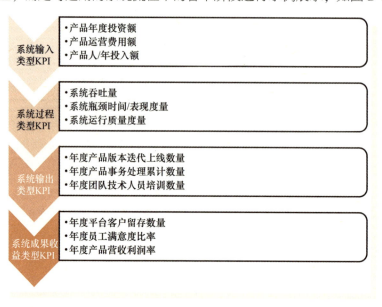

- 图 B-1　KPI 指标体系通用示例